Hanna & Franz L. Lauter

Offenbarungen aus Küche & Atelier

OFFENBARUNGEN AUS

Küche & Atelier

Inhalt

- **6** ATMEN MÜSSEN WIR DAS GLEICHE, ESSEN NICHT
- **8** HINWEISE ZUM BUCH
- **9** GRUSS AUS DER KÜCHE
- **12** OFFENBARUNGEN

VORSPEISEN

- **56** 3-Sekunden-Reis
- **59** Gamba Stroganoff mit Rote Bete-Wasabi-Sorbet
- **60** Spargel-Mikado
- **65** Grünkohl mit gebratenen Gambas
- **66** Destruktion von Chili con Carne (Tatar)
- **71** Veganer Sushi-Salat
- **72** Salat mit blauen Kartoffeln
- **75** Vitello Tonnato mal anders

SUPPEN

- **78** Fonds und Brühen Basis-Rezepte (Gemüsebrühe, Doppelte-Kraftbrühe, Konzentrierter Fischfond)
- **82** Klare Tomatensuppe
- **85** Erdbeer-Rote Bete-Kaltschale „Dracula"
- **88** Gemüse-Chaos-Suppe
- **91** Rotkohl-Suppe
- **92** Zwiebel-Pflaumen-Suppe
- **95** Latte Macchiato von Waldpilzen mit Kartoffelschaum
- **96** Bärlauch-Creme-Suppe

HAUPTGERICHTE

- **101** Lamm-Kaninchen-Domino
- **102** Kalbsrücken mit 3 Gemüsesaucen
- **104** Entenbrust mit Orangenhonig-Sauce und Pastinaken-Chips
- **109** Hirschkalbsrücken auf Mooswiese mit Pilzen
- **110** Der mit den Fischen tanzt
- **113** Ersparnisse der Schwiegermutter
- **114** Ceviche – auf meine Art
- **117** Spargel-Ragout
- **118** Pfefferpotthast von Kabeljau oder Lachs

BEILAGEN

- 123 Bohnen-Timbale
- 124 Blinis
- 127 Gewürzkartoffeln
- 130 Klöße, Klößchen, Gnocchi

DESSERTS & TORTEN

- 135 Venusgarten (Schwansbeller Wiese)
- 136 Kogel Mogel
- 137 Mousse au chocolat – auf vegane Art
- 140 Obstgarten
- 143 Pralinen
- 144 Schoko-Soufflé
- 147 Buchteln & mehr
- 150 Mohn-Torte
- 152 Kokos-Torte
- 153 Erdbeer-Biskuit-Kuchen

- 156 **KLEINES GLOSSAR**
- 160 **DANKE**
- 160 **IMPRESSUM**

ATMEN MÜSSEN WIR DAS GLEICHE, ESSEN NICHT

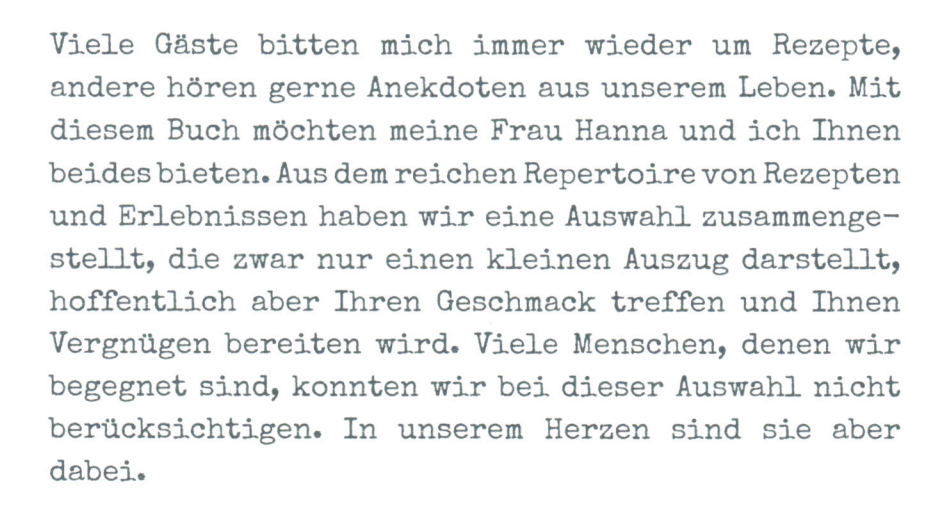

Viele Gäste bitten mich immer wieder um Rezepte, andere hören gerne Anekdoten aus unserem Leben. Mit diesem Buch möchten meine Frau Hanna und ich Ihnen beides bieten. Aus dem reichen Repertoire von Rezepten und Erlebnissen haben wir eine Auswahl zusammengestellt, die zwar nur einen kleinen Auszug darstellt, hoffentlich aber Ihren Geschmack treffen und Ihnen Vergnügen bereiten wird. Viele Menschen, denen wir begegnet sind, konnten wir bei dieser Auswahl nicht berücksichtigen. In unserem Herzen sind sie aber dabei.

Was mich bewegt

Ich bin davon überzeugt, dass richtig gutes Essen nur in einer guten, freundlichen Atmosphäre entstehen kann. Gute Ernährung wird oft unterschätzt. Vor Jahren habe ich gesagt: „Solange die Krankenkassen nicht gutes Essen auf Rezept ausgeben, so lange werden noch einige Milliarden Euro mehr aufgewendet werden müssen, um die Behandlung der durch Fehlernährung bedingten Krankheiten zu gewährleisten." Das sind enorme Gesundheitsausgaben, die von der Allgemeinheit aufgebracht werden müssen, um die Folgen des allgemeinen kulinarischen Analphabetismus auszugleichen. Unsere Politik unterstützt entscheidend diese schlechte Ernährung.

Als Beispiel: Fast Food-Restaurants zahlen 7% Mehrwertsteuer und Topp-Restaurants 19%. Es werden Zentralküchen geplant, die in Zukunft Restaurants beliefern, so dass dort das Essen nur noch aufgewärmt werden muss – in vielen Fällen ist dies heute schon gängige Praxis.

Diese Entwicklung bedeutet ein „Hurra" für die Nahrungsmittelindustrie, die Schnitzel für 1 € anbietet. Fragen wir besser nicht, wo der Geschmack bleibt.

Wieviel kostet unsere Gesundheit? Bei den obigen Betrachtungen geht es nicht so sehr um die Reduktion von Behandlungskosten, sondern viel mehr um die Vermeidung von ernährungsbedingten Krankheiten. Mein Wunsch und Ziel ist nur eines: Die Erneuerung unserer Ernährung – gegen Übergewicht und alle daraus entstehenden Folgen, für eine neue Dynamisierung. Seit vielen Jahren sage ich: „Es ist leichter eine Revolution anzuzetteln als die Essgewohnheiten zu ändern." Dieses Buch soll helfen, genau das zu bewegen.

Beim Kochen ist der Spaß das Wichtigste, lustvoll neue Wege zu gehen und sich nicht nur auf ein Rezept zu begrenzen. In 50 Jahren Trainingslager „Kochen" habe ich einige Klassiker und Kreationen entwickelt, die ich Ihnen in diesem Buch vorstelle.

Ich höre nicht auf zu kochen und zu malen, in der Hoffnung, Sie ein wenig glücklich zu machen oder zumindest Ihnen ein paar glückliche Momente zu schenken.

Viel Vergnügen beim Lesen,

Franz L. Lauter

HINWEISE
ZUR NUTZUNG DES BUCHES

1. Die Reihenfolge in der Liste der Zutaten soll es Ihnen erleichtern, eine „Mise-en-place"-Organisation bereitzustellen, um dann Punkt für Punkt den Zubereitungsschritten zu folgen. So wird ein entspanntes Kochen möglich. „Mise-en-place" bedeutet, dass alle Produkte in benötigter Menge und Vorbereitung auf der Arbeitsplatte bereitgestellt werden, damit sie mit ähnlicher Temperatur verarbeitet werden können und auf keinen Fall beim Kochen Zeit verloren geht bzw. Hektik aufkommt.

2. Alle Angaben in den Rezepturen sind für 4 Personen angelegt. Wenn Sie ein Menü mit mehreren Gängen kochen möchten, dann reduzieren Sie bitte die Mengen entsprechend.

3. Zum Erhitzen empfiehlt sich Sonnenblumen- oder Rapsöl, weil diese eine größere Temperaturtoleranz haben als andere Öle. Zu vermeiden ist kaltgepresstes Olivenöl.

4. Salz und Pfeffer aus der Mühle verbessern den Geschmack. Zum Fleisch gibt man erst am Ende des Garprozesses Salz, weil es sonst das Fleisch entwässern und eventuell sogar Flecken verursachen würde.
Wenn Pfeffer zu früh dazugegeben wird, können Bitterstoffe entstehen, die ebenfalls dem Geschmack abträglich sind.

5. Der Ofen soll immer vorgeheizt sein, wenn nicht anders angegeben.

Viel Spaß beim Nachkochen und guten Appetit!

Gruß aus der Küche
oder: Ein besonderer Bierhappen

Der Gruß aus der Küche lehnt sich an die spanische Tapas-Kultur an. Eigentlich sind Tapas Deckel, mit dem man sein Bierglas vor Ungeziefer abschirmt. Diese Deckel erhalten nun eine weitere Funktion als Servierflächen für leckere Kleinigkeiten, einen kleinen kulinarischen Willkommensgruß.
Erlaubt ist dabei jede Kombination, die schön aussieht und gut schmeckt.

Offenbarungen aus Küche & Atelier

OFFENBARUNGEN
Hanna Lauter gibt ihren Senf dazu

Gestatten Sie, dass ich mich vorstelle: Ich bin Hanna Lauter und wache jeden Morgen neben meinem Mann Franz Lauter auf. Ich liebe es, nur im Hintergrund zu agieren. Da wir nahezu jeden Tag in über 50 Jahren gemeinsam verbracht haben, hoffe ich, eine gute „Reporterin" für unsere beruflichen Höhen- und Tiefflüge zu sein.

Franz und ich gingen zur gleichen Grundschule und schon damals kündigte er mir an, dass er mich später heiraten wolle. Im vierten Jahr meines Jurastudiums starb mein Vater und der lukrative Betrieb für Getränkeproduktion blieb ohne Chef. Zwei Monate später heiratete ich Franz. Er studierte nur auf Wunsch seiner Eltern Maschinenbau und nebenbei übernahm er nun die Führung unseres Geschäfts mit zwanzig Angestellten. Nach drei Semestern im ungeliebten Studiengang half Franz das Schicksal und ein Studentenstreich führte ihn in die Freiheit.

Er sollte studentische Gäste eines sozialistischen Bruderlandes mit ihren Dozenten betreuen, und lud sie in der Schule zu einem Tee ein. Damals war auch in Polen Beuteltee ein Novum. Der Tee wurde serviert und die Gäste schauten irritiert. „Was soll das Beutelchen auf dem Teller?" Franz, um eine mögliche Anwendung zu demonstrieren, nahm einen Teebeutel in den Mund, das Schnürchen hing noch heraus, und trank dazu schluckweise das heiße Wasser. Die Gäste machten das sofort begeistert nach. In diesem Moment war das sehr lustig. Aber jemand von den Dozenten, politisch engagiert, fasste das seltsame Bild als Beleidigung der Brudernation auf und forderte Konsequenzen. Franz wurde exmatrikuliert.

Seine Freude darüber konnte er kaum verbergen. Stattdessen wollte er sein Glück mit der Malerei versuchen, der Bestimmung seines Lebens, wie er glaubte. Seine Begeisterung war unbeschreiblich. Er bekam einen Studienplatz an der Kunsthochschule. Er malte und zeichnete pausenlos. Überall war der Skizzenblock dabei, um alle Ideen festzuhalten. Doch nach Monaten stellte er fest, dass seine Musen ihn nicht regelmäßig küssten und auch nicht ununterbrochen. Die Pausen waren für Franz unerträglich. Er entwickelte, wie viele Kunststudierende, ein Interesse an der intensiven Teilnahme an Happenings, ausgiebig gefeierten Vernissagen und Diskussionen mit großzügiger Alkoholbegleitung. Das Studium störte Franz immer mehr in seinem standesgemäßen Bohème-Leben. Dieser Rhythmus ließ sich auch nicht mit meinem Berufsleben vereinbaren. Mein Referendariat beim Amtsgericht und die angefangene Promotion in Soziologie schlossen Partys bei uns zu Hause aus. Ich ging mein Referendariat sehr ernst an und paukte für die Richterprüfung.

Ich darf nicht unerwähnt lassen, dass Franz auch Phasen großer Liebe zu Atelier und Familienleben einlegte. Dann malte und zeichnete er mit der gleichen Begeisterung, mit der er gefeiert hatte. Der erfolgreiche Verkauf seiner Arbeiten beflügelte seinen Fleiß und seine Phantasie. Er restaurierte auch alte Bilder. Immer wieder kehrte er jedoch zum schönsten Teil des Studentenlebens zurück. Seine Kumpel waren bei uns Dauergäste, denn ihre Wohnungen waren für den Empfang von Gästen nicht konzipiert. Es war, wie ich damals dachte, unveränderbar.

Überraschend bot mir mein Doktorvater eine Dozentenstelle an einer neu eröffneten Uni an, was aber einen Umzug von Bromberg nach Kattowitz erforderte. Ich nahm das Angebot an und betrachtete es als eine Chance für Franz, sich in anderer Umgebung neu zu erfinden. Bei „Pleinairs", bei denen sich Künstler wie in Woodstock zum gemeinsamen Malen in der Natur verabredeten, hatte Franz einige Künstler aus Schlesien und dem nahe gelegenen Krakau kennengelernt und gab, nach erstem Zögern, meinen Wünschen nach.

Schlesien, der erste Eindruck

Wer sich damals in Polen traute, nach Schlesien zu gehen, der landete in einer seltsamen fremden Welt. Busse und Straßenbahnen waren verstaubt bis zur Unkenntnis. Ältere Häuser waren dick mit Ruß bedeckt und bei Neubauten bedurfte es eines geübten Auges, wollte man die Ursprungsfarbe erkennen. Die Menschen wirkten grau und blass, irgendwie abweisend und sprachen in einer schwer zu verstehenden Sprache, weder Polnisch noch Deutsch. In der Anfangsphase hatte ich ständig Victor Hugos „Les Misérables" im Sinn.

Die Luft war dick, und das nicht im übertragenen Sinne. In Kattowitz hing, besonders im Herbst und Winter, eine schwere Smogwand vor den Fenstern. Unser Nachbarhaus blieb daher lange vor uns versteckt und wir gewöhnten uns sogar ab, die Vorhänge zuzuziehen, denn es hätte eh kein Blick diese Wand durchdringen können. Sonst

Happening

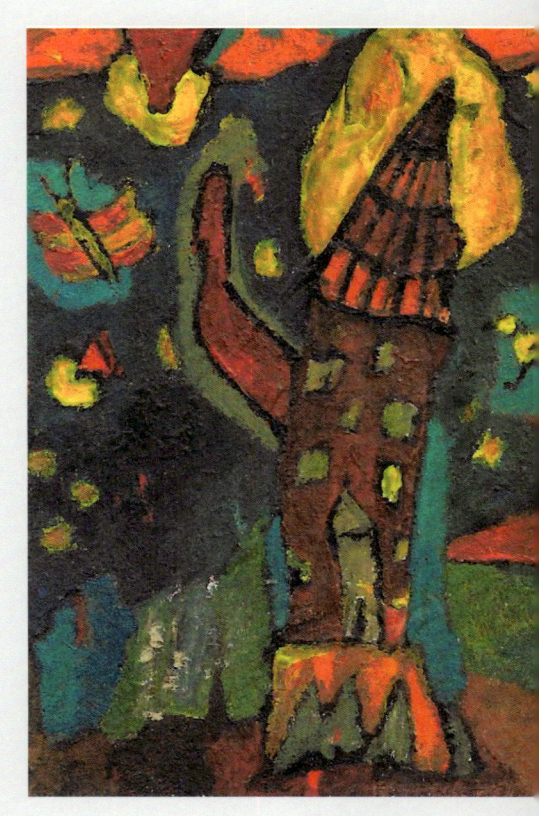

Schlesien

ging es uns gut. Ich arbeitete an der Uni und wir waren als Team schnell eingespielt. Die Kumpel aus Bromberg besuchten uns selten, denn unsere Wohnung war dafür zu klein.

Unser erster Eindruck von Schlesien und den Schlesiern geriet langsam in Vergessenheit. Wir trafen Menschen, die sich bewusst waren, dass das Leben zerbrechlich und unvorhersehbar ist. Die Schlesier kannten vielleicht nicht Horaz' Weisheit „Carpe diem" – „Genieße den Tag", aber sie lebten sie. Die Nachbarn in unserer ersten eigenen Wohnung empfingen uns rührend wie ein frischvermähltes Brautpaar. Statt Brot und Salz brachten sie uns einen großen, duftenden Schinken im Ganzen, was wir lange nicht erlebt hatten, und eine Flasche Wodka. Diese Begrüßung war überwältigend.

Spaßideen und Überraschungen produzierte Franz wie eine Henne Eier. Wenn wir bei unseren Freunden zum Namenstag oder Geburtstag eingeladen waren, war der Tisch reichlich mit Essen und Getränken gedeckt, obwohl uns in den Geschäften nur leere Regale grüßten. Alle waren in Feierstimmung, es wurde gegessen, getrunken, gesungen.

Einmal verschwand Franz auf der Toilette und kam lange nicht wieder. Ich klopfte etwas beunruhigt an der Tür. „Alles o.k., bin gleich fertig!", hörte ich von innen. Als die Toilettentür aufging, erschien Franz in neuen Kleidern, komplett aus Toilettenpapier kreiert. „Ich bin die Mumie von Ramses II.", sagte er. Die Textur des groben und gelblichen Toilettenpapiers konnte gut die Wickeltücher der Mumie nachahmen. Nach zwei Schritten in Richtung Tisch versagten die Bandagen allerdings schon ihren Dienst und intime Körperteile waren nicht mehr durch die Papierkreation bedeckt. Als Franz das merkte und sich umdrehte, war auch sein Po nicht mehr bekleidet. Zur Vollendung der unerwarteten Striptease-Show halfen die nah sitzenden Gäste. Nach diesem Auftritt brachten unsere Gastgeber vor unserer Ankunft immer die Vorräte an schwer zu bekommendem Toilettenpapier in Sicherheit.

Mit der Zeit und mit der wachsenden Zahl an Bekanntschaften sank unser Interesse an den Wetterprognosen. Wir warteten nicht mehr sehnsüchtig auf eine Sturmansage oder einen der Tropen würdigen Starkregen, um einmal den klaren Himmel oder auch nur unsere Nachbarn wieder zu sehen. Die grauen Lappen, die den Himmel bedeckten, und die chemischen Düfte in der Luft störten uns nicht

Wodka-Folgen

Piotr Skrzynecki

mehr. Die Schlesier schienen seit Generationen eine Gleichgültigkeit entwickelt zu haben und bei uns half die starke Ablenkung durch Arbeit und neue Bekanntschaften.

Franz bekam als neuen Auftrag, das Ambiente eines Bistros zu entwerfen und auszuführen. Der junge sozialistische Geschäftsmann übertrieb es mit den Investitionen, bekam keine Bankkredite und konnte so Franz Honorar nicht auszahlen. Stattdessen bot er ihm an, in das Geschäft einzusteigen. Da Franz privat sehr gerne kochte, holte er schnell die geforderten Kurse und Zeugnisse nach und startete begeistert in eine zweite Karriere.

Der Partner fuhr nach einigen Monaten nach Amerika und kam nicht mehr wieder. Franz blieb mit dem Bistro allein sitzen. Einer unserer Bekannten hatte für die damaligen Zeiten, in denen Wodka und andere Alkoholika in Polen Hauptmedizin und Tröster vor der grauen Wirklichkeit waren, eine frische und außergewöhnliche Idee: Franz könne doch frische Säfte produzieren und tatsächlich verkauften diese sich wider Erwarten erfolgreich. Das Repertoire wuchs, angefangen mit Karottensaft, gefolgt von Petersilienwurzel-, Sellerie-, Rote Bete- und diversen Frucht- und Beerensäften. Etwas später belieferte er die Krankenhäuser und Kindergärten mit der kleinen Dosis Gesundheit. Er selbst trank in Gesellschaft immer noch gern stark-alkoholische Getränke, aber sein Körper zeigte ihm immer große Dankbarkeit, wenn er mit den Säften versorgt wurde. So entstanden Cocktails: Wodka-Karottensaft, Johannisbeersaft mit Bisongras-Wodka. Ebenso wenig fehlten aber alkoholfreie Cocktails. Ein Renner war Coca-Cola mit Schwarzem Johannisbeersaft und Kondensmilch. Bei dem herrschenden Zutatenmangel wurde jede Idee, die das bescheidene Repertoire erweiterte, gefeiert wie die Erfindung des Rades.

Franz Liebe zum Kochen wurde durch unsere Freunde, die Maler und Bildhauer in Bromberg, geweckt. Sie besuchten uns sehr oft (manchmal zu oft) und immer ohne Einladung. Geladene Partys gab es nur zu ganz besonderen Anlässen. Wenn man zu Hause war, konnte man zu jeder Uhrzeit mit Besuch rechnen. Es wäre undenkbar gewesen, den Gästen nichts aufzutischen. Da fast immer die Jungs die Initiatoren der Treffen waren, haben wir Frauen eine „Männer-Kochpflicht" eingeführt. Kühlschrank, Vorratskammer und Keller standen dem Gastkoch zur Verfügung. Im Repertoire jedes Hauses gab es fast nur Grundnahrungsmittel und oft haben wir uns wirklich gewundert, was man aus eingelegten Gurken und Kartoffeln kreieren konnte. In Kattowitz pflegte Franz diese Kochübungen und arbeitete an der Entwicklung neuer Ideen. Die besten und innovativsten Entdeckungen führte er dann auch im Bistro ein. Bei der sehr dürftigen Produktpalette konnte nur viel Phantasie helfen, aus dem Wenigen viel zu machen.

Silvester-Dinner bei uns in Kattowitz

Franz hatte sich vorgenommen, ein unvergessliches Silvester-Menü zu servieren und sich um jeden Preis als außergewöhnlich gut kochender Hausherr zu präsentieren. Wir hatten sehr wichtige Gäste eingeladen, wie meinen Chef in der Anwaltskammer, sowie Arbeitskollegen. Es gab echten Champagner, den wir bereits vor Jahren zu unserer Hochzeit bekommen hatten.

Und tatsächlich wurde dieses Silvester in mehrfacher Hinsicht zu einem unvergesslichen Abend. Franz hatte eine in Schlesien unbekannte Zwiebel-Pflaumen-Suppe kreiert, die auch noch Jahre später in unserem Restaurant in Schwansbell serviert wurde. Franz musste nochmal zurück in die Küche, mich riefen die Kinder, und so bat ich die Gäste, schon ohne uns mit dem Essen anzufangen, denn die Suppe sollte heiß gegessen werden. Als Franz zurück ins Esszimmer kam, sah er in die fragenden Gesichter seiner Gäste. Die Löffel lagen in den Suppentellern. „Esst bitte, wir sind schon da!" Er setzte sich und begann seine Suppe zu löffeln, – aber nicht lange. Die Suppe schmeckte wie Glühwein mit viel Zwiebeln. Sie war nicht genießbar. In der Aufregung hatte Franz die Weinmenge falsch berechnet und statt der notwendigen 100 ml eine ganze Flasche Rotwein dazugegeben. Die Suppenschüssel, achtlos auf den Boden gestellt, hielt unsere Dogge für ihr Silvesterfutter und verzehrte den Inhalt begeistert. Nach dieser Mahlzeit nahmen ihre normalerweise senkrecht stehenden Ohren die Position von Flugzeugflügeln an, und mit wackligem Schritt schlich sie direkt auf ihr Kissen.

Um Mitternacht standen alle Gläser zum Zuprosten bereit, in Radio Kattowitz wurde der Countdown auf 0 Uhr heruntergezählt. Mit großer Spannung und Feierlichkeit wurde die erste Flasche Champagner unseres Lebens geöffnet. Kein Knall! Das edle Getränk präsentierte sich in den Gläsern als hellbraune, trübe Flüssigkeit. Diejenigen, die einen Schluck wagten, kommentierten, dass Essigkonzentrat bestimmt besser schmecken würde. Das alles hat unsere gute Laune jedoch nicht getrübt. Im Vorratsraum hatten wir noch einen „Champagner" von der Krim, der ja leider diesen Namen nicht tragen darf.

Vom Künstler zum Wirt

Letztendlich wurde Franz durch einen Zufall vom brotlosen Künstler zum echten Geschäftsmann. Er malte witzige Werbung und platzierte sie vor dem Bistro auf der Straße. So gab es zum Beispiel das Skelett, das ein Interview gab und bedauerte, dass es zu spät das Bistro „Saftladen" entdeckt habe. Sogar die Presse fand das damals komisch und veröffentlichte die Geschichte.

Auch das individuelle Ambiente, mit aus halbierten Birkenbäumen getäfelten Wänden und quer geschnittenem Eichenholz als Bodenbelag, machte das Bistro immer populärer. Franz zeichnete und malte die Speisekarten und blieb so bei der angewandten Kunst stehen. Materiell ging es uns sehr gut, aber Franz wurde immer schweigsamer und sagte mir oft, dass er sich selbst verraten habe.

Künstler hatten in Polen den Status heiliger Kühe, beschenkt mit begnadeten Köpfen und Händen, wenn auch mit knurrenden Mägen. Franz hatte diesen Status auch einige Zeit genossen, bis er nun durch seinen geschäftlichen Erfolg in das konträre Lager wechselte – das der kleinen Kapitalisten. Laut offizieller Nomenklatur galten die als kleine miserable Geldmacher. Das schmerzte Franz enorm. Mit der Zeit wurde die Armut um uns herum immer größer, sogar in Schlesien, das im Vergleich zum Rest Polens noch ein Schlaraffenland war. Man konnte zwar noch Lebensmittel bekommen, aber deren Qualität war schlecht; beispielsweise gab es mit Giftstoffen belastete Milch für Säuglinge und mit Schwermetallen belastete Karotten, eigentlich nicht zum Verzehr geeignet. Ich war damals Referendarin bei der Rechtsanwaltskammer und brachte täglich aus dem Gericht neue Horrornachrichten über die machtlose, untergeordnete Justiz und die Unberechenbarkeit der „roten Herrscher" mit nach Hause.

Franz fühlte sich zu Recht unwohl und in gewisser Weise herabgesetzt. Der Geschäftsalltag war ein Überlebenskampf. Denn was unter normalen Umständen als erforderliches wirtschaftliches Handeln galt, wurde im kommunistischen Staat unter dem Paragrafen „Spekulation" behandelt. Allein schon das volle Lager für sein Mini-Bistro wurde als eine verbrecherische Handlung eingestuft. Als Strafe drohte die Konfiszierung des kompletten Vermögens. Franz

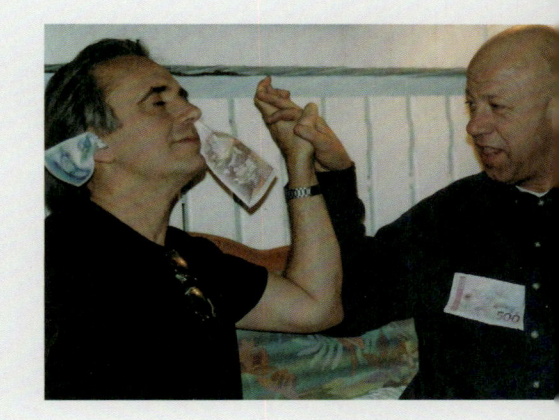

Kapitalist

glaubte immer, dass diese Paragrafen nur echte Verbrecher beträfen, er sei jedoch mit dem Verkauf der Säfte und gesunden Essens um das Wohlergehen und die Gesundheit des Volkes bemüht. Trotzdem wurde die Gefahr, mit der Obrigkeit in Schwierigkeiten zu kommen, immer größer, die Situation für uns immer bedrohlicher und bedrückender. Als Befreiungsschlag entwickelte Franz eine Idee.

Benzin war Mangelware und für eine Tankfüllung musste man drei Tage in der Schlange stehen. Franz beklebte den weißen Lieferwagen mit einem roten Kreuz und dem Schriftzug: „Krankenhaus Kattowitz-Ligota", sowie der Telefonnummer. Vorher hatte er mit dem Tankstellenbesitzer das genaue Vorgehen und ein entsprechendes Honorar abgesprochen. Als die Nachricht kam, dass gerade Benzin geliefert werde, zogen er und sein Mittäter weiße Kittel an und konnten für das „Krankenhausaggregat" alle Kanister befüllen, ohne warten zu müssen. Die Grube in unserer Garage wurde komplett mit Kanistern zugepackt, die Garage abgeschlossen und die Schlüssel wurden gut versteckt. Mit diesem Benzinvorrat hatte Franz uns und unseren Freunden die Ausreise ermöglicht, dargestellt als Reise nach Rom.

Wir machen Zwischenstopp in Deutschland

Die Entscheidung wurde getroffen, das Nötigste organisiert, das Haus der Obhut von Schwiegermutter und Nachbarn anvertraut. Heimlich packten wir viel mehr Sachen ein, als für eine Urlaubsreise nötig waren. Meine Mutter hatte die Silberlöffel in der Zuckerdose versteckt, und im Auto an der Grenze saß sie, eingequetscht zwischen unseren zwei kleinen Kindern, in ihrem Pelzmantel bei plus 25° C „auf dem Weg nach Rom". Doch Rom haben wir bis heute nicht gesehen. Der erste Stopp wurde auf einem Campingplatz in der Nähe von Wien eingelegt. Dort trafen wir Hunderte unserer Landsleute, die ebenfalls die große freie Welt „erobern" wollten.

Jeder hatte andere Pläne und aus dritter oder vierter Hand Infos und Tipps. Uns schien es das Vernünftigste, im nahe gelegenen Aufnahmelager unsere Zukunftspläne zu offenbaren, um aus erster Hand zuverlässige Informationen zu bekommen. Nachdem die Formalitäten im Lagerbüro erledigt waren, wurden wir zu einer Pension in der Nähe von Wien geschickt. Zu fünft bewohnten wir ein Zimmer von ca. 14 m². In der Folge suchten wir Botschaften der verschiedensten Länder auf, wie USA, Kanada, Australien und Süd-Afrika; denn wir planten unsere Zukunft möglichst weit entfernt von Europa, von der Sowjetunion und vom kommunistischen System. Nachdem uns jemand das Familienstammbuch und die Feldnummer des Bruders meiner Schwiegermutter aus Polen heraus geschmuggelt hatte, suchten wir mit unseren Papieren auch die Botschaft der BRD auf. Überraschend freundlich und fürsorglich fragte uns der Botschaftsangestellte, ob wir adäquate Winterbekleidung hätten, genügend Schuhe und ob die Unterkunft gut wäre und das Essen ausreichend. So zuvorkommend waren wir noch nie in einem Amt empfangen worden. Er sagte uns, dass wir eine Ausnahme seien, weil wir so viele Dokumente vorweisen könnten. Viele andere Aussiedler würden als Nachweis das Foto eines Soldaten in Wehrmachtsuniform einreichen und sagen: „Mein Opa", selbstverständlich auf polnisch.

So rückte das Geburtsland der Schwiegermutter, durch ihre Erzählungen uns nicht ganz unbekannt, auf einen hohen Rang in unserer Traumziel-Liste. Wir könnten dort einen Zwischenstopp machen und danach als „Weltbürger" weiterreisen, so war unser Plan. Der Zwischenstopp in Deutschland hat sich etwas verlängert: auf fast 40 Jahre. Unsere Pläne, die Erde auf der Unterseite zu bewohnen, weit entfernt vom unruhigen Europa, und in Neuseeland Haie zu zählen, wurden nur in unseren späteren Urlauben realisiert.

Von Bergmannstöpfchen und Brotsuppe zu Spargel-Mikado

Nach zehnmonatiger „Akklimatisation" in Deutschland eröffneten wir am 29. November 1982 ein Restaurant im Schloss Schwansbell in Lünen. Der Weg dahin war für uns eine große Herausforderung. Franz als Künstler und Koch und ich als examinierte Juristin waren zwar beide „arbeitslos", aber mit großen Visionen und ganzen Säcken voller Optimismus. So waren wir in euphorischer Stimmung, gab es doch in Deutschland alles im Überfluss, was uns in Polen gefehlt hatte, mit Ausnahme des Geldes.

Da Franz mit Leidenschaft kochte und in Kattowitz schon einige Erfahrungen mit dem kleinen „Saftladen" gesammelt hatte, überlegten wir, in Deutschland ein Restaurant zu betreiben. Mit der Unterstützung alter Bekannter aus Schlesien, die schon 2 Jahre in Deutschland lebten, und der Hilfe eines Wörterbuchs gaben wir folgende Anzeige auf: „Wir suchen ein Restaurant zum Pachten!" Auf unsere Anzeige meldeten sich einige Brauereien, die ihre leerstehenden Gaststätten wiederbeleben wollten. Diese „Locations" erinnerten uns jedoch eher an Kerker, die man vom Keller ins Parterre verschoben hatte, mit Fenstern, vor jedem Ausblick gesichert, und mit schlauchartigen, dunklen Räumen, in denen die „Düfte" säuerlichen Biers und feuchter Zigaretten in der Luft standen, fest eingewachsen in Möbel und Wände.

Und dann trat die Verwaltung der Stadt Lünen an uns heran. Ein Schloss werde zur Zeit renoviert und man suche nun einen ernsthaft interessierten Pächter für die Räume im ehemaligen Gesindehaus. Perfekt!

Die Räume im renovierten Schloss Schwansbell fanden wir vom ersten Moment an gemütlich, vertraut, nach Zement und frischer Farbe duftend. Hier konnten wir unsere Ideen verwirklichen. Wir waren begeistert von der schönen Umgebung: dem Teich mit den unzähligen Enten, dem geräumigen Park und den alten Bäumen. Für uns war das als Arbeitsplatz „Idylle pur".

In nur einer Nacht skizzierte und zeichnete Franz unser Geschäftskonzept. Das Ambiente, inklusive Trachten für die Bedienung, wurde auf dem Papier materialisiert. Die zuständigen Beamten der Stadt Lünen waren letztendlich von unserer Schnelligkeit so beeindruckt, dass wir, trotz vieler Bedenken und Zweifel, den Zuschlag bekamen. Bei den Planungen unseres neuen Unternehmens kalkulierten wir auf Basis unserer Erfahrungen in einem sozialistischen Staat. Dort hatten wir als Selbständige die ersten 3 Jahre steuerfrei gearbeitet. Logisch denkend nahmen wir an, dass es im kapitalistischen System in Deutschland bestimmt mindestens 5 Jahre sein würden. Das Risiko wäre also abzuschätzen. Unser erstes Gespräch mit dem Steuerberater vernichtete allerdings all unsere Illusionen. Ich werde nicht sein irritiertes Gesicht vergessen, als wir ihn um die entsprechenden Steuerbefreiungsformulare baten. Aber zu diesem Zeitpunkt konnten wir aus dem Projekt nicht mehr aussteigen, und darum trösteten wir uns damit, dass wenigstens das Essen für die Familie durch das Restaurant fürs erste abgesichert sein würde.

An die Finanzierung dachten wir nur marginal. Schließlich hatten wir eine Kreditzusage von der Sparkasse bekommen und eine weitere von unseren Bekannten. Leider wurden letztere so sehr zerrissen zwischen den täglichen Hiobs-Nachrichten über das Weltgeschehen

Schwansbell

Im Restaurant

und die schleichende Krise und unserem unerbittlichen Optimismus, dass sie, von ihrem Pessimismus eingeholt, von unserem Projekt Abstand nahmen. Wir waren damals noch weit davon entfernt, die Zeitungen lesen zu können und die Nachrichten im Fernsehen schätzten wir, wie in Polen gewohnt, als „Fake-News" ein und ignorierten sie folglich. Zuletzt hat uns diese „Leichtigkeit des Seins" gerettet. Wir blieben allein, ohne Erfahrung und mit den Sprachkenntnissen eines zehnjährigen Kindes. Dazu musste nun die Hälfte des geplanten Kapitals für die Großinvestition ausreichen.

In zwei Tagen war Plan B fertig. Wir gaben unseren Anspruch auf Exklusivität auf und kauften Möbel in einem skandinavischen Möbelhaus. Als Dekoration dienten Sträuße aus getrocknetem Getreide und Gräsern, die ich den ganzen Sommer fleißig gesammelt hatte und die an Ikebana erinnern sollten. Was mir allerdings gelungen war, erinnerte viel eher an rustikale Strohgarben vom Feld. Wie sich jedoch später herausstellte, harmonierte alles wunderbar mit den Wänden des Gastraums. Denn der Bauherr hatte eine effiziente und preiswerte Technik des siebzehnten Jahrhunderts angewendet, mit der damals Ställe verputzt wurden. Der Putz, mit Stroh vermischt, wurde auf die Wände gerieben und konnte so hervorragend Unfähigkeiten der Verputzer kaschieren. Für uns war es eine interessante Lösung, passend zum geplanten rustikalen Stil. Meine Mutter war alles andere als begeistert. Enttäuscht wiederholte sie immer wieder: „Und das sollte doch ein Restaurant sein!" Für uns waren die Wände avantgardistisch und praktisch.

Zwar wurde in den folgenden Jahren mit jeder Renovierung das Stroh weniger und immer unsichtbarer, doch selbst nach 20 Jahren sah es, inzwischen etwas patiniert, immer noch interessant aus. Als weitere Dekorationselemente waren hauptsächlich volkstümlich inspirierte Schneidebretter aus Holz in verschiedenen Formen geplant, die Franz monatelang eigenhändig bemalte. In jeder freien Ecke unserer Wohnung warteten Stapel mit verschiedenen Motiven auf ihre Präsentation. Als deren Einsatz im Restaurant endlich kam, wussten wir, dass der Raum mindestens nach der dreifachen Menge an Bildchen verlangte. Alle „erzteuren" Ölfarben aus Polen und die besten Pinsel wurden verbraucht. Schätze, die Franz trotz des Platzmangels auf unserer Reise mit nach Deutschland gebracht hatte, und als Talisman und Erinnerung an seine Berufung, das Malen, betrachtete. Unser fertiges Ambiente im „Landhausstil", aus Wohnmagazinen

„Landhausstil"

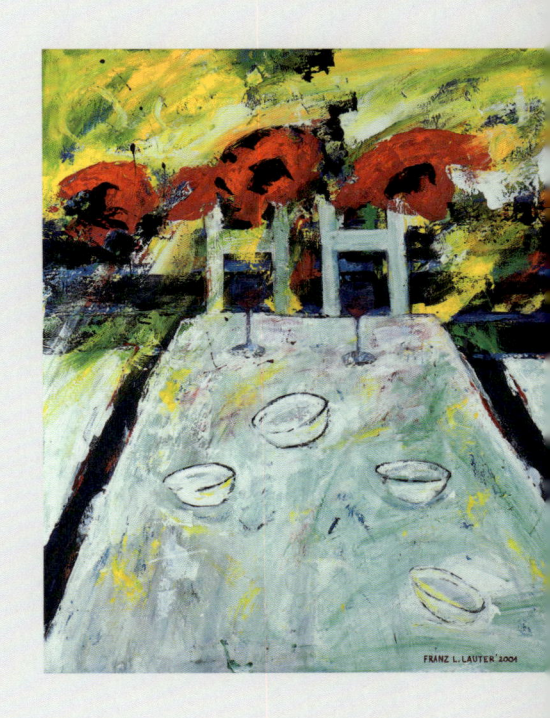

inspiriert, wies kaum Ähnlichkeit mit dem Original auf. Vielmehr präsentierte es sich nun als ein liebevoll, aber minimalistisch dekorierter japanischer Kobu-Rinderstall, gemütlich mit Tischen und Stühlen möbliert.

Zwei außergewöhnliche Raumelemente retteten die Atmosphäre, nämlich die originalen Bogenfenster aus Gusseisen und die alten Fliesen des Fußbodens, die sogar mit „einkomponierten" Unebenheiten neu verlegt worden waren, sehr typisch für belgische Schlösser. Es sah alles „echt uralt" aus.

Letzer Schliff

Der Eröffnungstermin klopfte schon mit dem Hammer an die Tür und die Welt drehte sich in nicht gekannter Geschwindigkeit. Wegen der Zeitknappheit vertraute Franz widerwillig die Gestaltung der einzigen glatt verputzten Wand im Gastraum einem befreundeten Maler an, Ladik aus Prag. Dieser entwarf eine Dorfszene, die er unter dem wachsamen Auge von Franz auf die Wand übertrug. Auf der Entwurfsskizze sah alles zwar bäuerlich, doch erträglich aus. Nach Beendigung des Auftrags waren wir von dem Ergebnis auf der großen Wand wie gelähmt. Die Menschen, die in Ladiks Kopf Modell gestanden hatten, waren bestimmt Bewohner eines Dorfes der Hohen Tatra, die seit Generationen abgeschlossen von der Außenwelt lebten und deren entferntester Verwandtschaftsgrad der eines Cousins war. Selbst das Pferd auf dem „Gemälde" sah seltsam aus; es war wirklich hässlich. Eine ältere Dame aus Schlesien, die sehr schnell zu unserem Stammgast wurde, bat bei jeder Tischreservierung, mit dem Rücken zu diesem Bild sitzen zu dürfen.

Später hängten wir es wie im Theater mit dicken Vorhängen zu, und noch später wurde es sogar überklebt. Beruhigend war für Franz der Gedanke, dass er, wenn er mal Zeit habe, als erstes die Szene übermalen werde. Diese Zeit hatte er nie, und so wartet das Bild, seit Jahren schön zugedeckt, auf seine Wiederentdeckung. Womöglich wird es 2098 ein großes Staunen geben, und ich möchte wetten, dass nach langer Diskussion ein neuer, bis jetzt nicht gekannter Malstil der neunziger Jahre definiert wird: Realistischer Expressionismus.

Drei Tage vor der Eröffnung montierte noch unser Schulfreund Hendrik, der drei Monate lang ein ganzes Handwerker-Team ersetzte, vom Putz der Wände inspiriert, über der Theke ein Strohdach. Wer denkt, dass es schön ausgesehen und an ein Reetdach erinnert hätte,

Ladiks Entwurf

der liegt falsch. Denn es handelte sich um 3 Schilfmatten, die eher Marktstände in Afrika hätten imitieren können. Aber zur Beruhigung darf ich anmerken, dass wir später ein Reetdach einsetzten, das bis heute unsere Ex-Räume in Schwansbell schmückt und dem Standesamt und dem Heimatmuseum der Stadt Lünen Atmosphäre verleiht.

Und überraschend war plötzlich der 29.11.1982 da!

Vor dem Eröffnungstag stellten sich Journalisten von allen Lüner Zeitungen ein. Wie wir die Interviews überlebten, weiß ich bis heute nicht, denn es fehlte uns jeder spezifische Wortschatz. Aber irgendwie wurden wir und unsere Ideen den Bürgern Lünens nahe gebracht. Zur Eröffnung kamen nur geladene Gäste, Stadtväter und andere wichtige Personen, der Schlossherr, unser Vermieter, mit seiner hübschen jungen Frau und zu unserer Unterstützung unser Lieblingspriester aus dem Aufnahmelager in Unna-Massen. Mit den zahlreichen Blumengeschenken der Gäste konnten wir unsere Dekorationslücken füllen, wobei in jedem Fall die Gäste selbst ein Restaurant am schönsten schmücken. Und erfreulicherweise hatten sich sehr viele davon an diesem Tag auf den Weg zum Schloss Schwansbell gemacht. Unser schlesisches Eröffnungsmenü bestand aus Bigos, Rinderrouladen, Klößen und natürlich der schlesischen Mohn-Torte. Zuletzt wurden alle Ecken des Restaurants mit Weihrauch von bösen Geistern befreit und auch unsere Gäste, überwiegend Politiker aus Lünen, wurden ungefragt mit beweihräuchert, was der Stadt im Nachhinein hoffentlich gute Energien brachte. Ich dachte mir: „Jetzt kann nichts mehr schief gehen".

Der Alltag kam

Ohne gastronomische und sprachliche Ausbildung in Deutschland war unser Start in die Gastronomie gespickt mit vielen, bisweilen schmerzhaften Erfahrungen. Das Grundwissen lernten wir mit den Jahren von unseren Gästen. Was ist ein Eis mit heißen Kirschen, ein Alster, ein Krefelder oder Framboise? Das letzte klang wie Thrombose und diesen Begriff kannte ich schon lange von Omas Krankheitsgeschichten. Auf die Bitte um eine Digestif-Empfehlung, schlüpfte mir der Französische Himbeergeist „Thrombose" heraus. Die Gäste lachten herzlich, denn sie dachten, dass meine Deutschkenntnisse bereits so sehr fortgeschritten seien, dass ich schon Späße machen könne. Bei ihren nächsten Besuchen bestellten sie immer wieder die „Thrombose-Empfehlung des Hauses".

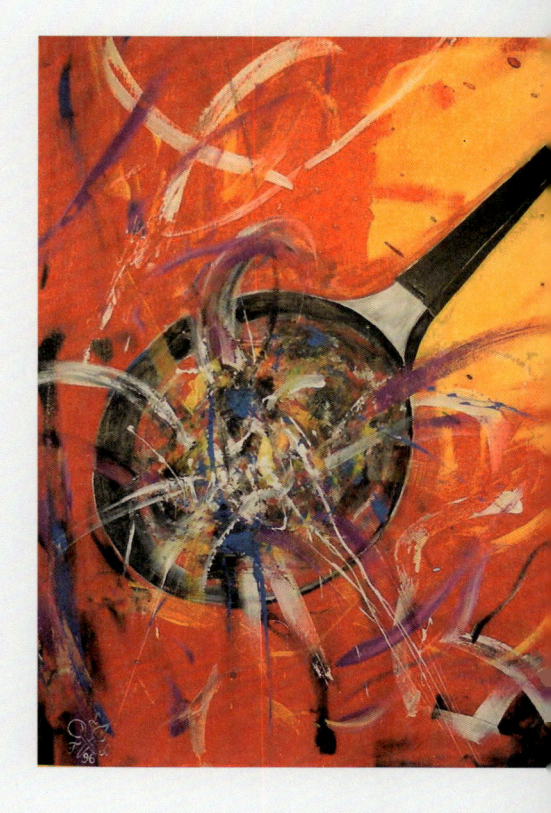

Eine besondere Herausforderung ist für mich bis heute die deutsche Bierkultur. Die vielen Versuche, mir das korrekte Bierzapfen beizubringen, wurden nach Jahren aufgegeben. Auslöser dieser Kapitulation war mein Hilfsangebot, das zu warme Bier mit Eiswürfeln abzukühlen. Seitdem bin ich freigestellte Bierzapf-Dilettantin.

Nach einiger Zeit bekam ich endlich Hilfe im Service: Wir stellten eine frischgebackene Restaurant-Fachfrau ein. Zufällig bekam ich mit, dass sie die Gäste fragte, ob diese noch eine „Pulle" Wein wünschten. Nach deren Verneinung bot sie noch einen Espresso und einige „Petit Furz" an. Dabei pustete sie ständig, im Minutentakt, die zu langen Haare ihres Ponys aus den Augen. Sie blieb nur einige Monate, denn je weiter der Tag der Einweihung zurücklag, desto weniger Lust hatte sie, ihr erworbenes Wissen zu erweitern. Ich hingegen nahm einige Spirituosen mehr in mein Empfehlungsrepertoire auf und mit unserem Zugewinn an Fachkenntnis versiegte unser unfreiwilliges Gaststätten-Minikabarett immer mehr.

Um die rustikale Atmosphäre unseres Gastraums zu unterstreichen, waren die Barhocker mit Reitsätteln ausgestattet. Mancher Gast an der Theke wurde nach einigen Bierchen auf diesen „Pferden" zu unsicher und wechselte lieber auf die bequemere, mit Wildschweinfell ausgelegte, Stammgästebank. Einige Gäste beklagten sich, dass das Fell dringend ausgetauscht werden müsse. Ihre Frauen kämen ihnen immer öfter auf die Schliche, wo sie am Abend abgeblieben seien. Denn nach jedem Aufenthalt bei uns nahmen sie ein paar Haare von dem Wildschweinfell mit. Man kann tatsächlich sagen: „Das Schwein hat uns verraten."

Ein zweites verräterisches Merkmal war der intensive Knoblauch-„Duft", den jeder Gast mit nach Hause nahm. Besonders im Winter in der Grippezeit wurde aus Sorge um die Gesundheit unserer Gäste an diesem Würzmittel nicht gespart. Ein wichtiger Teil von Franz Gesundheitsvorsorge war auch Wodka, der jedoch mindestens fünf Mal den Prozess der Destillation hatte über sich ergehen lassen müssen. Interessanterweise war Gesundheit das häufigste Gesprächsthema am Tresen. Wenn es um Gesundheitsvorsorge ging, berief sich Franz direkt auf die schlesische Volksmedizin. Seine Tante Marie, in der Familie die „Schamanin" genannt, konnte jeden wieder auf die Beine bringen. Ihr erstes Heilmittel war grundsätzlich Wodka, gefolgt von Honig und Kräutern. Der Wodka, oder noch besser 90 %-iger Alkohol, mussten nicht unbedingt getrunken wer-

Knoblauch

den. Einreibungen mit aufgekochtem Spiritus und Wickel mit einer kratzenden Wolldecke waren einige der Torturen, die auch ich einige Male als Kind über mich ergehen lassen musste. Zwar fühlte man sich am nächsten Morgen müde und schwach, aber der Husten war weg. Tante Marie verschrieb auch immer bei Erkältungen heiße, fette Tauben-Kraftbrühe. Das war schon etwas besser als die kratzende Wolldecke am nackten Körper, besonders, wenn man eine Wollallergie hatte.

Tante Marie war nicht nur eine Heilerin, sondern auch eine außergewöhnliche Köchin und die Quelle unserer kulinarischen Ideen aus der schlesischen Küche in der Frühphase unserer Kochkunstentwicklung. Sie war die Köchin des schlesischen Bischofs gewesen, was natürlich jeder in der Familie wusste, und kochte wirklich auf hohem schlesischen Niveau. Ihre Rezepte und Tipps haben der Schwansbeller Küche auf jeden Fall in den ersten Wochen einen guten Start gegeben.

Tante Marie

Unsere Gäste wurden immer vielfältiger. Von Senioren-Reisegruppen bis zu jungen Familien und mehr oder weniger sattelfesten Bierliebhabern war alles vertreten. Zur Kaffeezeit boten wir Danziger Käsekuchen, Walnuss-, Mohn- und Kokostorte an, die meine Mutter Sonja, damals 77 Jahre alt, morgens um 6 Uhr gebacken hatte. Diese Torten sind bis heute in unserem Programm.

Außer den Museums- und Kaffeegästen kamen auch viele Schlesier, Deutsche aus Masuren, die sich vorzeiten in Richtung Westen aufgemacht hatten. Bei ihnen machten Gerichte Furore, die sie schon von ihrer Mutter oder Großmutter kannten. Zu der Zeit kochte Franz zusammen mit seiner Mutter Rosalie, damals 67 Jahre alt. So gab es eine deftige Brotsuppe mit viel Knoblauch, das Bergmannstöpfchen mit zwei Rouladen und Kartoffelklößchen und, nicht zu vergessen, die Pansensuppe.

Eine gute Pansensuppe zu kochen ist nicht so einfach. Es stinkt bestialisch, weshalb die Köche duftende Kräuter wie Weihrauch verbrannten, damit die Küche und ihre Umgebung halbwegs erträglich waren. Die beste Zeit, Pansen zu kochen, war in der Nacht, denn dann konnten sich höchstens die Enten beschweren. Immerhin duftete die Suppe nach dieser aufwendigen Zubereitung sogar für Vegetarier verführerisch angenehm. Im Winter kaufte Franz oft 3 oder 4 Kuhmägen. Eines Tages wurde er beim Bezahlen von einem anderen Kunden gefragt, wie er diese Innereien denn zubereite, damit seine

Kochkunst

Hunde das fressen würden. „Diese Mägen heute haben eine Superqualität, die koche ich für meine Gäste." „Ja, ja. Ich habe schon gehört, dass es Menschen gibt, die das essen." „Unser Bundeskanzler ist ein Fan dieser Suppe", erwiderte Franz. Aber tatsächlich wagte von den Nichtschlesiern selten jemand, diese Suppe zu probieren. Die schlesische Kochkunst, mit ihren sogar von Hunden abgelehnten „exotischen" Zutaten, musste als Basis unserer Küche kritisch analysiert werden.

Studium neuer Küchenwelten

Um unser Repertoire zu erweitern, unternahmen wir kulinarische Reisen durch die Küchen der Welt. Jeden Monat hatten wir eine neue Themen-Menükarte. So gab es den ungarischen Monat mit ungarischen Gerichten, ungarischen Weinen und einem Service in ungarischen Trachten. Selbst die japanische Küche hatte ihren Monat bei uns, als die Stadt Lünen sich mit Gästen aus Japan inklusive des japanischen Konsuls anmeldete. Franz hatte einen Schnellkurs „Japanische Küche" absolviert und der weibliche Service wurde beim Kostümverleih mit Geisha-Kimonos ausgestattet. Auch ich war eine der Geishas, mit Perücke und weißem Make-Up völlig unkenntlich gemacht. Am Ende der Veranstaltung drückte der Konsul in seiner Dankesrede seine Bewunderung für die ihm bis dato nicht bekannte japanische „Nouvelle Cuisine" aus, und insbesondere für die schnellen und sportlichen Geishas.

Ungewöhnliche Gäste gab es immer wieder. So besuchte uns oft ein älterer, sehr humorvoller Herr, der immer in Begleitung zweier extravagant gekleideter Damen kam. „Ich kenne den Mann", sagte uns ein Freund. „Der ist ein Puffbesitzer aus Dortmund". Der „Puff-Stadtteil" ist nur 15 Autominuten von Schwansbell entfernt, weswegen sie so oft kämen. Die Damen seien seine Mitarbeiterinnen, sprich „Puffmütter". Unsere und des Trios gemeinsame Leidenschaft waren Tiere, besonders Katzen. Die persönlicheren Themen haben wir gemieden, obwohl Franz immer großes Interesse an außergewöhnlichen Menschen hatte. Er wartete nur diplomatisch auf eine passende Gelegenheit, um unseren Gast nach seinen Geschäften zu fragen. Als wir die erste Auszeichnung, ein Besteck vom Restaurantführer *Schlemmer Atlas* bekamen, tauchte auch unser Puff-Trio wieder auf. Der Herr gratulierte uns zu der Auszeichnung und stellte sich erstmals richtig vor: Er war einer der Mitbegründer des *Schlem-*

mer Atlas. Ein Glück, dass Franz seine Neugier gezügelt hatte! Im Laufe der Zeit lernten wir den „Herrn im Trio" als humorvollen, Spaß liebenden und tollen Geschichtenerzähler kennen. Von ihm hörten wir vieles über andere Gastronomen und deren Kampf um Auszeichnungen. Einer der Unglücklichen schrieb ihm zum Beispiel in die Redaktion und beschwerte sich, warum er wieder keine Auszeichnung bekommen habe. Er stehe jeden Morgen um 4 Uhr auf, kaufe die Ware immer frisch und nur das Beste vom Besten! Die Antwort unseres „Herrn im Trio" war kurz und bündig formuliert: „Sehr geehrter Herr Wirt, es sollte Ihnen verboten werden, einzukaufen. Es ist zu schade um die gute Ware"

Bei anderer Gelegenheit bestellte ein Arzt des Lüner Krankenhauses einen Tisch. Als wir die Gäste sahen, waren wir sehr überrascht. Sie kamen wohl aus dem Nahen Osten und sahen, für die Winterzeit mit viel zu leichten Mänteln bekleidet, eher ärmlich aus. Bei der Bestellung waren sie sehr verschwenderisch. Sie wählten den teuersten Wein auf der Karte und ein Menü mit mehreren Gängen. Als sie während des Essens weitere Weinflaschen bestellten und die Rechnung in gefühlt astronomische Höhen stieg, wurde unser damaliger Kellner sehr nervös. Er kam mehrfach in die Küche und meldete Franz, die Rechnung sei schon bei 2000 DM und die Gäste würden bestimmt nicht bezahlen können. Aber da der Arzt den Tisch bestellt hatte, war das für Franz Rückversicherung genug. Als die Rechnung angefordert wurde und einer der „Araber" mit Kreditkarte bezahlen wollte, sagte unser Kellner: „No credit!". Darauf zog der Gast aus der Tasche aufgerollte Dollarnoten und Schweizer Franken. Die Rechnung wurde bar beglichen. Am nächsten Tag konnten wir in der Zeitung lesen, dass ein Scheich aus Saudi-Arabien im Lüner Krankenhaus behandelt wurde. Als Dankeschön für die gelungene OP hatte er den Spezialisten bei uns zum Essen eingeladen. Der Scheich konnte nicht nur das Essen bezahlen, sondern hätte lässig das ganze Restaurant kaufen können.

Ein Araber in Lünen

Bis der Schlossgeist kommt

Besonders an den Wochenenden blieben unsere Gäste lange sitzen. Im Sommer war an warmen Abenden die Terrasse, direkt am Teich gelegen, besonders beliebt. Das Schloss war beleuchtet, im Mai und Juni sang eine Nachtigall, von weitem hörte man Eulen rufen und am 24. Juni konnte man Hunderte von Glühwürmchen bewundern.

Es war schon unglaublich kitschig, Hollywood in Lünen – aber echt! Auch die Gäste konnten an diese vollkommene Kulisse nicht glauben und vermuteten gut getarnte technische Hilfsmittel.

Bei solcher Atmosphäre verliert der Gast leider das Zeitgefühl. Auch im Gastraum blieb bei Kerzen und Musik oft die Zeit stehen. Durch Zufall entdeckten wir eine diplomatische Maßnahme für den Fall, dass es „Time To Say Goodbye" wäre. Jemand hatte uns eine Kassette mit Geistermusik, Glockengeläut, Heulen und Kettengeklirr geschenkt. Wir investierten noch vier weiße Bettlaken und eine Stunde Arbeit an der Nähmaschine und schon waren zwei Gespensterkostüme fertig. Hatten die Gäste das Zeitgefühl komplett verloren, wurde es plötzlich im Raum dunkel und man hörte das schaurige Geräuscherepertoire der Kassette. Für Erstbesucher war das ein Erweckungserlebnis. Bei hartnäckigen und unangenehmen Gästen (äußerst selten) wandten wir zusätzlich ein Hilfsmittel in Form von Eiswürfeln an. Die Geistertechnik hatte dummerweise einen unvorhergesehenen Schwachpunkt. Manche „Kenner" kamen mit neuen Gästen oft erst spät am Abend und blieben bis mindestens 0:00 Uhr, um ihnen den Spuk zu präsentieren. In solchen Fällen bestellten wir den Frühgeist, der schon um 23:00 Uhr seinen Auftritt hatte.

In all den Jahren erlebten wir nur ein Mal eine unangenehme Situation: Wir wollten einen neuen Gast, der sich kurz vor der bewussten Stunde aufmachte heimzugehen, mit unserem Geist bekannt machen und baten ihn, nur noch eine Minute zu bleiben, um das Gespenst zu begrüßen. Der Gast antwortete, er glaube nicht an Geister, und drehte sich zur Tür, wo gerade in diesem Moment das Spukwesen stand. Diese unerwartete Begegnung verursachte bei ihm einen solchen Schock, dass wir uns kurzfristig Sorgen um seine Gesundheit machten. Seine Begleiter hatten wenig Mitleid mit dem Opfer und konnten sich das Lachen kaum verkneifen.

Auf dem Weg zum Profi

Nach einigen Jahren beherrschte Franz das Küchenrepertoire so gut, dass es sogar bei voll besetztem Gastraum ruhig und relativ stressfrei in der Küche zuging. Wir hatten drei Köche, also eine kleine Küchenbrigade, und dazu Oma, die Mutter von Franz, die sich als „Beraterin" der Köche engagierte. Einige Male hat sie es sogar geschafft, Fehler der jungen Profis zu entdecken und zu korrigieren. Die Pflege der guten alten deutschen Küche wurde das Hauptthema der Gespräche

Küchen-Dirigent

zwischen Oma und der Putzfrau des Heimatmuseums. Unsere Köche standen dauernd unter ihrer strengen Qualitätskontrolle und Überwachung zur Vermeidung jeglicher Abweichungen von der Tradition. Gemüse und Nudeln „al dente" zu kochen, wurde von beiden entschieden abgelehnt. Sich in kochtechnischen Belangen durchzusetzen, war für Franz und seine Brigade keine leichte Aufgabe. Immer wieder unternahm er Befreiungsversuche, aber ohne großen Erfolg. Erst die Taktik, Oma mit der Zuteilung viel wichtiger Aufgaben abzulenken, war erfolgreich. In der Folge waren die Grünanlagen rund um das Restaurant bestens gepflegt und die Belegschaft freute sich über unkontrollierte, entspannte Zeiten freien Kochens.

Die Auszeichnungen von *VARTA*, *Feinschmecker* und *Schlemmer Atlas* in den Jahren 1988 und 1989 brachten einen kräftigen Motivationsschub. Unsere Mini-Küche von 15 m² wurde modernisiert und effizienter organisiert. Nur der Spülraum ließ sich nicht optimieren. Es passte gerade die Spülmaschine mit jeweils 3 cm Wandabstand und ein schmales Abstellregal(-chen) hinein. Unsere langjährige und treueste Spülfrau, Lili aus Schlesien, mit einer Körpermasse von 130 kg, ging hinein und wirbelte fleißig; Rausgehen war nur im Rückwärtsgang möglich. Außer den Ausstattungsänderungen in der Küche ergänzte Franz sein kulinarisches Wissen und modifizierte seine Kochkunst. Mehrmals hospitierte er in mindestens sechswöchigen Einheiten in namhaften Restaurants im Elsass und in Lyon. Und es gab auch sehr angenehme Seiten bei der Vertiefung des Kochwissens, denn wir besuchten in der näheren und weiteren Umgebung alle ausgezeichneten Restaurants und schauten uns die Details an.

Wie überlebe ich in New York mit 1000 $ täglich

Den teuersten und unvergesslichsten Besuch erlebten wir in New York. Schon aus Deutschland hatte ich in dem angesagten Restaurant einen Tisch für uns reserviert. Am Vortag des Restaurantbesuchs hatten wir mit unserer Reisegruppe einen Hubschrauberflug über Manhattan gebucht. Für den Weg zum Flugplatz war eine entspannte Busfahrt geplant, lediglich 1 $ musste jeder Teilnehmer bereithalten. Die erste Person, die in den Bus einstieg, wurde gleich wieder hinaus komplimentiert. Einen Dollar bereithalten, das stimme, aber bitte in Form einer Münze, denn der Busfahrer dürfe kein Papiergeld in die Hand nehmen. Also blieben wir an der Bushaltestelle zurück. Unser Reiseführer machte zwei Lösungsvorschläge: Entweder kön-

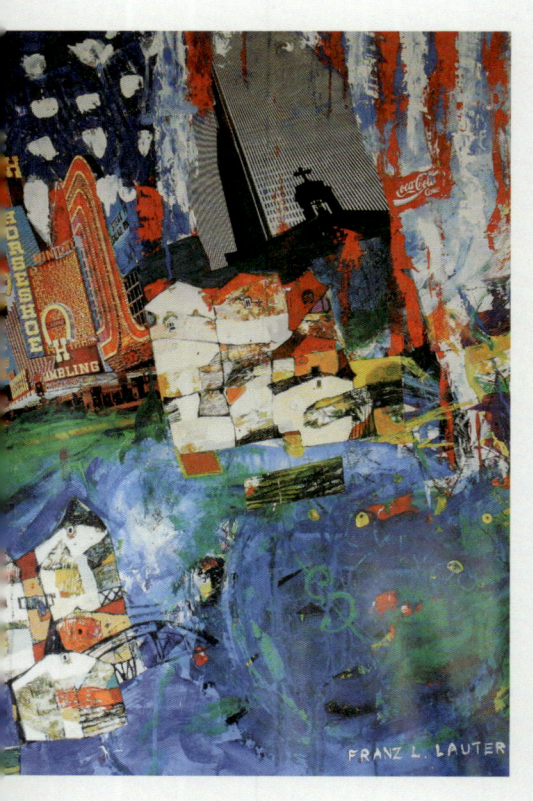

Amerika

ne man zu Fuß zum Flugplatz gehen oder man müsse zur Bank laufen und dort das Geld für den Bus in Münzen wechseln. Also schloss sich Franz einer der Gruppen an, um eine Bank zu suchen. Nach fünf Minuten waren die anderen Bus-Reisewilligen wieder zurück, – nur Franz nicht. Nachdem wir schon zwei Busse verpasst hatten, sagte unser Guide, er könne nicht länger warten, denn der Hubschrauber würde sonst ohne uns fliegen. Ich entschloss mich, zu bleiben und weiter auf Franz zu warten. Er hatte schon immer Orientierungsprobleme in einer fremden Stadt. Nach einer Stunde gab auch ich das Warten auf und ging verzweifelt zum Hotel zurück, in der Hoffnung, dass Franz dorthin den Weg schneller finden würde als zur Bushaltestelle. Aber im Zimmer war er nicht. Auch an der Rezeption hatte er sich nicht gemeldet. Dem Hotel gegenüber war eine Polizeidienststelle. Inzwischen waren schon zwei Stunden (ohne Franz) vergangen. Also meldete ich dort das Verschwinden meines Mannes. Der Sheriff fragte: „Wann haben Sie ihn denn das letzte Mal gesehen?" Meine Antwort: „Vor zwei Stunden." Da lachte er: „In New York fangen wir erst nach 2–3 Tagen an, uns Sorgen zu machen." „Aber wir fahren morgen schon weiter", sagte ich, „und mein Mann ist seit 35 Jahre mit mir verheiratet und noch nie verloren gegangen. Außerdem war er auf dem Weg zur Bank, um Geld zu wechseln. Erkundigen Sie sich bitte, ob es in diesem Bezirk einen Banküberfall gab oder einen Unfall." Der Sheriff sah meine Panik und rief tatsächlich die nächsten Polizeistationen und auch die Krankenhäuser an, aber es waren keine tragischen Vorkommnisse gemeldet worden. Dann erklärte er mir, dass New York eine friedliche Stadt sei, „ganz im Gegenteil zu eurem Frankfurt", legte er noch nach. Es blieb mir nichts anderes übrig, als zu warten. Ich ging zurück zum Hotel und dachte, wie ich das nur aushalten sollte. Ich setzte mich an die Bar, bestellte einen Kaffee und in diesem Moment sah ich im Spiegel Franz zur Tür hereinkommen.

„Ich suche dich mit der Polizei", rief ich ihm entgegen. Franz erzählte, dass alles sehr dumm gelaufen sei. Er hatte sich einer Gruppe angeschlossen, um das Geld zu wechseln. Nach zwei Banken fragte er, warum sie denn nicht anhalten würden. „Na, wir wollen doch zu Fuß zum Flugplatz gehen. Komm jetzt lieber mit uns. Hanna wird schon von den anderen aus der Gruppe 1 $ bekommen und mit denen zum Treffpunkt kommen." Als der Bus am Flugplatz ankam und ich nicht dabei war, entschied sich Franz, ein Taxi zu nehmen, und mich abzuholen. Unser Hotel hieß „Luves Hotel". Der Taxifahrer, ein Pakistaner, verstand „Love's Hotel" und zeigte Franz den größten Teil der Bordelle in Manhattan. Als die beiden schon völlig verzweifelten, erkannte Franz plötzlich die Straße, in der unser Hotel lag und stieg aus. Wir waren überglücklich, dass wir uns wiedergefunden hatten. Mittlerweile war es zu spät, um uns wieder der Gruppe anzuschließen und so entschieden wir uns, zum Künstler-Stadtteil Greenwich-Village zu gehen. Während des Bummelns entdeckten wir, dass sich das Restaurant, wo wir den Tisch für den folgenden Tag bestellt hatten, ganz in der Nähe befand. Unsere spontane Entscheidung war, sofort dort hin zu gehen. Um nicht weggeschickt zu werden, behaupteten wir, wir hätten einen Tisch für diesen Tag bestellt. Die Kellner bewiesen gelassene Professionalität. Ohne Kommentar stellten sie für uns ein kleines Tischlein in die Ecke und wir durften bleiben. Franz zählte das Bargeld nach und stellte fest, dass wir nur 400,00 $ zur Verfügung hatten. Die Kreditkarten lagen, auf Empfehlung unseres Reiseleiters, im Hotelsafe. Also bestellten wir nur Gerichte im niedrigen Preisniveau und den Wein nur glasweise. Als die Rechnung kam, fehlten uns trotzdem noch 70 $. Da wir im Verdacht standen, nicht zahlungsfähig zu sein, musste ich als Pfand unter strenger Bewachung im Restaurant sitzen bleiben, bis Franz nach einer Stunde mit der Kreditkarte aus dem Hotelsafe zurückkam und mich freikaufte. An diesem Tag haben unsere Ausgaben inklusive Taxigebühren die 1000 $-Marke unseres Tagesbudgets geknackt.

Der Stein kommt ins Rollen

In der Folgezeit erlebte unser Küchenangebot eine Metamorphose. Statt einer mehrjährigen Laufzeit änderte sich unsere Speisekarte je nach Laune und Idee, manchmal für einige Experimente sogar täglich. An dieser Stelle möchten wir uns herzlich bei unseren Gästen für die geduldige Teilnahme an der überkreativen Phase bedanken.

Beim Verfassen der Speisekarten, was meine Aufgabe war, versuchte ich, Franz Kreativität beim Kochen mit der Benennung der Speisen gerecht zu werden. Wir erfanden zu unseren etwas anderen Gerichten passende poetisch–lustige Namen. Dieses Spielchen machte uns selbst viel Spaß, aber auch unsere Gäste freuten sich auf die Kreationen und deren ungewöhnliche Bezeichnungen. Bei uns gab es das „schlesische Himmelreich", statt roter Grütze, natürlich entsprechend „himmlisch" präsentiert. Oder die unerschöpfliche

Farbtöpfe

Phantasie des Chefs erschuf das „Dreiecksverhältnis" als Bezeichnung für drei Sorten Fleisch. Das „Duett von Rind und Kalb" ist bis heute ein beliebtes Gericht für Hochzeiten. Für einen Salatteller mit dem biblischen Namen „Turmbau zu Babel", wurden die Blattsalate bis zu einer Höhe von 15 cm oder sogar mehr geschichtet. Der Service musste über eine ruhige Hand verfügen, um den Turm unbeschadet zum Gast zu balancieren. Das Gericht wurde nicht auf der Terrasse serviert, schon gar nicht bei Wind. Beim „Kaninchen–Lamm-Domino" reihen sich auf dem Teller zwei Sorten Fleisch wie weiße und bordeauxfarbene Dominosteine. Es gab auch, wenn Gäste für ihre Gesellschaft dringend auf Schweinefleisch bestanden, „kleine Schweinereien". Jemand, der eine Doktorarbeit über Speisekarten schrieb, war dankbar, dass er bei uns so viele ungewöhnliche Namenskompositionen auf der Karte fand. Franz wurde übrigens von einer Hamburger Zeitung als „Dichter der Speisekarten" bezeichnet. Eine poetische Kombination von Malerei und Kochen wird bis heute bei unserem Dessertteller gepflegt. Franz malt mit zerlassener Schokolade Blumen auf die Teller. In Lünen trug diese Malerei den Namen „Schwansbeller Wiese", und für unser neues Domizil Nordkirchen wurde sie in „Venusgarten" umbenannt.

Ansonsten bezeugte Franz seine Verbindung zur Kunst lieber durch das Schnuppern an den Lieblingsgerichten der alten Meister der Malerei. So entstand im Restaurant eine Happening-Reihe mit dem Titel „Zu Gast bei …" Henri de Toulouse-Lautrec, Auguste Renoir oder Salvador Dalí, inspiriert von einer Buchreihe über kulinarische Vorlieben berühmter, auch historischer, Persönlichkeiten.

Bei dem Abend zu Toulouse-Lautrec gab es Can-Can auf den Tischen und hervorragendes Essen, was dem Glücksfall zu verdanken war, dass Henri de Toulouse-Lautrec mehr Geld als andere Künstler hatte, und darum sehr gute Rezepturen hinterlassen konnte. Der Abend bei Salvador Dalí inspirierte Franz zu dem Dessert „Brustspitzen der Venus", das noch lange nach dem Happening auf unserer Karte seine Fans beglückte.

Zu dieser Zeit hatte sich der Koch in Franz breit gemacht und der Maler tief verkrochen. Franz wurde bürgerlich, sprach von Banken, Überziehungszinsen und Geschäftskonzepten, erfand neue Gerichte und beschäftigte sich mit deren Preiskalkulation, – bis Dietrich kam.

Henri de Toulouse-Lauterec

Rückkehr zur Staffelei

Einige Monate nach der Eröffnung kam Dietrich zu uns, ein bekannter Lüner Maler. Er arbeitete in der Nähe von Schloss Schwansbell in einem riesigen Atelier und lud Franz ein, ihn dort zu besuchen. Dietrich gehörte zu den gefürchteten „Wahrheit-Sagern" und war ein notorischer Provokateur der Kleinbürger. Seine direkte Art haben wir bewundert, zumal er gnädigerweise im Umgang mit uns sehr mild war. Aber bei jedem Besuch wiederholte er den gleichen Satz: „Wenn du ein Künstler bist, dann kannst du ohne Malen nicht wirklich leben. Ohne Farbdüfte zu leben ist, wie ohne Wasser zu leben." Es bedurfte keiner besonderen Überzeugungskünste, bis Franz sich diese Künstlerwahrheit zu eigen machte, und Dietrich so oft besuchte, wie es ihm das Kochen, Tennisspielen und Joggen erlaubten. Mit jedem Besuch wuchs seine Begeisterung für das wiederentdeckte Zeichnen und Malen. Er genoss die Besuche im Atelier und Dietrichs Gastfreundschaft. Franz hatte schon einige Bilder gemalt und träumte von einer Ausstellung, für die er aber noch viel arbeiten musste. Das war nur nach dem Restaurantbetrieb möglich, also abends und nachts. Dietrich dagegen malte tagsüber, ab 4 Uhr am Morgen. Die Lebens- und Arbeitsrhythmen der beiden stellten sich als inkompatibel heraus. Und darum hatten wir in Kürze kein Wohnzimmer mehr. Denn alles wurde mit Staffeleien, Leinwänden und Farben zugestellt. Franz, inklusive der ganzen Familie, lebte jetzt „mit Farbdüften", und wir hatten noch Glück, dass Absinth in Deutschland verboten war, sonst hätten wir womöglich das Schicksal von Vincent teilen müssen. (Van Goghs psychische Ausfälle werden der unglücklichen Wirkung der Kombination von ausgasenden Ölfarben und dem damals weitverbreiteten Absinth zugeschrieben.)

Der Tanz auf zwei Hochzeiten fängt an

Dietrich besuchte Franz in seinem Wohnzimmer–Atelier fast täglich. Schon wenn er unten an der Tür stand, schimpfte er: „Was hast du wieder Wichtigeres gemacht als zu malen? Du malst doch nicht. Die Luft riecht nur nach Putzmitteln wie in einer Direktoren-Villa!" Die Motivation durch Dietrich, seine Anekdoten und Ansichten über künstlerische Freiheit, die Franz grenzenlos zu sein schien, weckte in ihm das Bedürfnis, wieder Künstler zu sein. Außerhalb der Küche verbrachte er die meiste Zeit in seinem Atelier, also unserem Wohn-

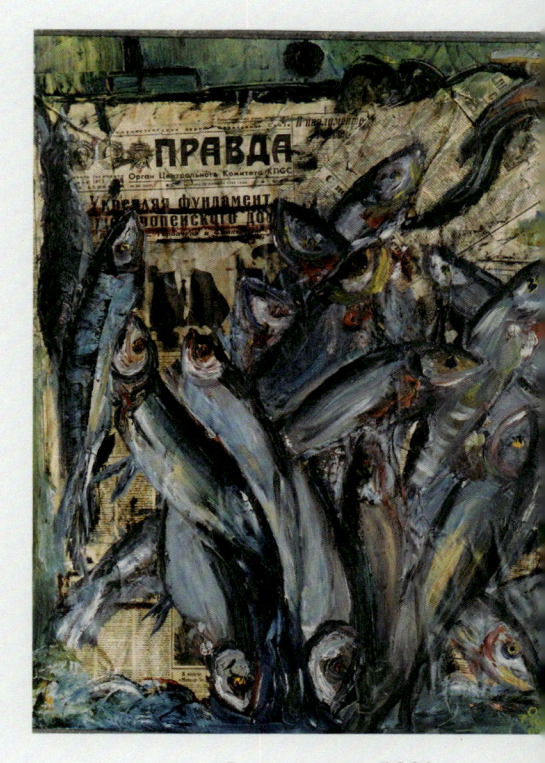

Perestroika 1989

zimmer. Einer der wenigen Vorteile an der räumlichen Lage des Ateliers war, dass wir die Chance hatten, uns zu sehen, und ein Minimum an familiärem Kontakt zu bewahren.

Endlich hatte Franz entschieden, dass er und seine Bilder reif für eine Vernissage seien. Das war im Herbst 1987. Der Termin stand fest, die Bilder waren ausgesucht und eingerahmt, die Presse eingeladen und das Lampenfieber wuchs mit jeder Stunde. Bei der Vernissage lieferte Dietrich eine professionelle Laudatio ab. Dann kam mein Part mit kleinen persönlichen Anmerkungen. Meine Rede begann ungefähr so: „Für Franz ist diese erste Vernissage in Deutschland nach einer langen Pause in der Malerei ein Grund zu großer Freude, aber auch Anlass zu noch größerer Furcht vor Ablehnung. Ich hätte nie erwartet, dass ihn sein Comeback so sehr bewegen würde. Vielleicht verrate ich jetzt etwas sehr Persönliches, aber es könnte helfen, Franz und seine Bilder besser zu verstehen. Denn bevor er den ersten Strich gezogen hatte, nahm er Leinwand, Palette, Pinsel und Farben, fuhr damit zur Kirche und bat den Priester, alles zu weihen. Danach malte er kniend ein Portrait von Jesus. Als er dessen Mund malte, sprach Jesus zu ihm: „Franz, steh auf! Male mich nicht kniend, sondern gut.'" Die Gäste lachten, aber einige waren etwas verunsichert und meinten, dass sie sich während meiner Erzählung ernsthafte Sorgen um Franz psychische Gesundheit gemacht hätten. Leider ist es oft so, dass der eigene Humor nicht dem Humor der anderen entspricht. Die Erkenntnis wurde mir etwas später bestätigt, als ich unserem englischen Freund Brian meine Superwitze erzählte, und sich seine Reaktion gerade mal auf ein „Hmm?" beschränkte. Nach der ersten Vernissage folgten im Laufe der Jahre viele weitere, nicht nur in Deutschland, sondern auch in den Niederlanden, England, Österreich und den USA.

Die Freundschaft mit Dietrich war sehr intensiv, aber leider auch sehr kurz. Er hatte ein Portrait von mir, meinen Hund auf dem Arm haltend, gemalt. Das war für mich eine schöne Überraschung, die bei der Übergabe etwas eingetrübt wurde durch seinen Kommentar: „Ich dachte immer, dass du eine schöne Frau bist. Aber bei der Analyse der Proportionen deines Gesichts, musste ich meine Meinung etwas korrigieren." Das Bild hing lange an exponierter Stelle im Restaurant und provozierte oft Diskussionen bei unseren Gästen. Es war expressionistisch angehaucht, und ich nicht einfach zu identifizieren. Die Gäste sagten tröstend, dass es ein Portrait der Zukunft sei. Bestimmt

Ausstellung in Virginia

habe der Künstler eine Prognose für in 30 Jahren malen wollen. Das hat meine Sorge um mein Aussehen etwas reduziert. Franz jedoch war sehr enttäuscht und kündigte eine Antwort auf das Werk an. In den folgenden Wochen fragte Dietrich oft, wie weit Franz denn schon mit dem Bild gekommen sei. Da wir viel Arbeit im Restaurant hatten, wurde der Termin des Duells immer wieder verschoben. Ende März begann Franz, sein Antwortportrait zu malen, und für den 09.04.1992 hatte er Dietrich die Präsentation angekündigt. In der Nacht zuvor saßen wir noch im Atelier und Franz arbeitete an Details. Am nächsten Tag waren wir mit Dietrich nachmittags verabredet, aber wir warteten vergebens. Seit Stunden lebte er nicht mehr. In der Nacht war er überraschend verstorben. Das Schicksal hatte dem „Duell der Portraits" eine Absage erteilt. Er starb unerwartet und viel zu früh.

Zur richtigen Zeit am richtigen Ort

Wichtig ist im Leben Improvisationstalent und das Glück, zur richtigen Zeit am richtigen Ort zu sein. Wenn wir einige Jahre früher nach Deutschland gekommen wären, dann wären wir wahrscheinlich längst keine Gastronomen mehr. Anfang der Siebziger Jahre wurde, dank vieler guter Köche, das Kochen zu einem Kunstzweig. Zeitungen, Fernsehen und Restaurantführer hoben die Köche und ihr Tun auf ein Podest. Die Knochenarbeit in der Küche wurde aufgewertet. Das Kochen diente nicht mehr nur der Sättigung, sondern wurde zur Bühne für neue Ideen, Experimentierfreude, Provokation und sollte dem Gast ein „einzigartiges Erlebnis" bereiten. Die Kombination „Kochen und Bühne" war für Franz die richtige Stellenbeschreibung.

Stern ohne Hummer und Gänsestopfleber

Es war an einem Wochentag Ende November. An diesem, wie an manchem anderen Herbstabend in Schwansbell, war es ruhig. Schon um 20:00 Uhr waren keine Gäste mehr im Lokal. Als wir die Tür zur Nacht schließen wollten, fuhr ein Auto auf den Parkplatz. Es war ein Kurier, der uns ein Telegramm zustellte. Unser erster Gedanke: „Wer ist gestorben?" – war unsere Assoziation zum Thema Telegramm. Allerdings fehlte auf dem Schriftstück der übliche schwarze Rand, und auch ein Kreuz konnten wir nirgends entdecken. Als wir den Umschlag öffneten, hörten wir Musik und ein Lied mit Gratulationen zum *Michelin Stern*. Bis dahin kannten wir den *Michelin-Stern* nur aus dem Film „Brust oder Keule" mit Louis de Funès und aus den Erzäh-

Zeichenstunde

lungen von Jürgen, einem unserer Gäste. Uns beiden schoss der gleiche Gedanke durch den Kopf: „Das war bestimmt Jürgen. Der will uns kräftig veräppeln." Einige Beispiele seines Humors hatten wir schon kennengelernt. Wir riefen ihn an und sagten, dass wir ihn ertappt hätten, und dass das Telegramm eine witzige Idee wäre. „Ein Telegramm? Ich bin gleich bei Euch!" – Die Feier dauerte bis in den frühen Morgen. Franz bot dem ganzen Team Bruderschaft an, inklusive der Spülfrau Lili. Sie war die Einzige, die das Angebot wie selbstverständlich annahm. Alle anderen Teammitglieder trauten dem Ausbruch von Gleichheit und Brüderlichkeit am Arbeitsplatz nicht. Der „Savarin von Lachs" war von den Prüfern besonders hervorgehoben worden. Franz meinte jedoch, dass es wohl mehr Ullis, des Souschefs, Verdienst sei. Denn vor kurzem hatte Franz ihn erwischt, als er Saucen mit einem Bordeaux ablöschte, dessen Preis pro Flasche bei 350 DM lag – das musste doch jeder Prüfer zu schätzen wissen.

Bei der festlichen Überreichung der edlen Auszeichnung im Park-Hotel in Bremen lernten wir die anderen Auserwählten kennen. Einige der dort Anwesenden hatten schon mehrere Sterne in der Tasche. Für uns war es eine schöne neue Welt. Alle standen wie ein Chor, einheitlich gekleidet in weißen Kochjacken und hohen Mützen, auf der Bühne. Franz stand mit seinem abgetragenen Hut in der ersten Reihe, aber sein nächster Nachbar hielt deutlich Abstand. Den Sonderling betrachteten sie mit Distanz. Erst als der Moderator Franz vorstellte und sagte: „Das ist unser Monsieur Chapeau, Künstler-Koch", da nahm die Befangenheit ihm gegenüber ab.

Alltag unterm Stern

In der Küche stand Franz während der Stoßzeiten immer unter Starkstrom. Die Gelassenheit des Künstlers und das „carpe diem"-Motto schmolzen in der Küchenhitze dahin. Das Preußische in ihm zeigte sich bei der kleinsten Unaufmerksamkeit von Köchen oder Service. Stern ist Stern! Alles sollte weder zu viel noch zu wenig, sowie alles zusammen und gleichzeitig getrennt, temperiert, aber heiß, glänzend, aber nicht glitschig, mild, aber gewürzt und salzig sein. Und natürlich alles im Sekundentakt. Entscheidungen wurden getroffen, ständig mit dem „der Stern verpflichtet"-Gedanken im Kopf. Es war ein echter Rock'n'Roll, abgespielt mit beschleunigtem Tonband.

Nach einigen Monaten der Euphorie merkten wir, dass die Wünsche der Tester nicht mit den Wünschen der Gäste identisch waren.

Die Prüfer fühlten sich als eine Avantgarde in der Gourmet-Welt, aber das zahlende Publikum waren eher konservative, bodenständige Traditionalisten. Deren Experimentierfreudigkeit war nur mäßig und die Dissonanz zwischen den zwei Welten evident: Tester und Gast, mit kleinen Ausnahmen, waren zwei Gegenpole. Und wir balancierten dazwischen. Wir waren nicht in München oder Berlin, sondern in der Provinz. Gab es in Westfalen genug Anhänger der Nouvelle Cuisine, die bereit waren, für frische Produkte und Extravaganz zu bezahlen? „Bleibt in der Mitte", sagte mir mein Gefühl. „Keine Mohnhörnchen mit Safran füllen und auf Morgentau mit Tulpendüften servieren", wie es die Mode der Größten war. Mit dem Genuss von Wein das Kochbewusstsein zu erweitern statt mit „Kokapulver", hatte uns genügt und sollte auch so bleiben. Den Spruch des Orakels von Delphi „medén ágan" – zu Deutsch: „nichts übertreiben" – galt es zu beachten, denn auch das ist eine Kunst im Leben.

Ein Beispiel für die sehr unterschiedliche Wertschätzung des neuen Kochstils, war die Reaktion der Gäste auf die Zubereitung von Lachs. Franz war unfassbar stolz, als er endlich das Geheimnis des glasig gebratenen Lachses beherrschte, und zwar bei voll besetztem Haus. Er überreichte den sorgfältig dekorierten Teller dem Kellner und sagte, das sei ein „Meisterlachs". Schon nach zwei Minuten war der „Meisterlachs" als Reklamation zurück in der Küche. „Die Dame meint, dass der Lachs roh und nicht genießbar sei", sagte der Kellner ängstlich. Er konnte schon die Reaktion des Chefs ahnen. Franz schnappte sich den Teller, ging energisch zum Tisch, stellte ihn der Dame vor die Nase und zermatschte mit dem Finger den Superlachs zu einer Mousse. Jede Fingerdrehung wurde von dem Satz begleitet: „Es-ist-ein-perfekt-gebratener-Lachs-und-Sie-haben-keine-Ahnung-vom-Essen!" Allen Gästen und der Bedienung war das sehr peinlich. Ich vermute, dass nicht nur die Dame und ihr Begleiter für lange Zeit Lachs aus ihrem Essensrepertoire gestrichen haben, sondern auch ein Teil der Gäste, die damals in der Nähe saßen. „De gustibus non est disputandum" – weil jeder Gast einen anderen Geschmack hat. Der Geschmack des Gastes hängt wiederum stark von seiner Tageslaune, den Hormonen, vom Mond – oder sonstigen noch unerforschten Faktoren ab. Nach vergleichbaren Auftritten von Franz mit Rinderfilet und Lammrücken, entschlossen wir uns im Service, solche Szenen zu vermeiden, indem wir mit dem Souschef eine „Katastrophentaktik" hinter Franz Rücken entwickelten. Diese Tech-

Ballettratten

nik funktioniert bis heute und muss noch als Betriebsgeheimnis bis zu seiner Pensionierung geheim bleiben.

1996, oder etwas später, standen unangemeldet Redakteure der Bildzeitung vor unserer Tür. „Herr Lauter, wir machen eine Aktion. Dürfen wir Ihren Kühlschrank anschauen?" Bei einem Kollegen, der mehrere Kinder hat, fanden sie Potenzmittel im Kühlschrank, bei einem anderen Fertigsaucen. Und dann kamen sie zu uns. Zwar haben wir einen Familienkühlschrank unten in der Küche, aber Franz hat seinen persönlichen oben im Atelier, in dem nur Champagner und Weißwein liegen. In einem Fach, das durch die Abwärme des Kühlschrankmotors zum Trocknen geeignet ist, lagen immer Jogging- und Ballettschuhe. Damals besuchte Franz Ballettstunden. Die Reporter fragten: „Dürfen wir in ihren Kühlschrank schauen?" Franz nahm sie mit nach oben in sein Atelier. „Bitte, hier ist mein Kühlschrank." Erstauntes Schweigen: „Erklären Sie bitte, was das da soll?" „Na, ich bin Künstler und trinke sehr gerne. Und wenn ich zu viel getrunken habe, dann stehe ich vor dem Kühlschrank und frage mich: Saufe ich weiter oder mache ich Sport?" Die Bildzeitung veröffentlichte den Vergleich in folgendem Artikel: WAS STERNEKÖCHE IM KÜHLSCHRANK HABEN.

An einem Samstagabend wollten Franz und ich die Organisation eines Events in der nächsten Woche besprechen. Da kam der Kellner und bat Franz um Hilfe bei einem unerträglichen Gast. Dieser war stark alkoholisiert, hatte sich an einen freien Tisch gesetzt und zog eine Flasche Whisky aus der Tasche, deren Inhalt er teilweise auf der Tischdecke verteilte. Der Kellner fürchtete, nicht genug Autorität zu haben, und bat Franz um Unterstützung bei dem Versuch, den Gast davon zu überzeugen, dass er bei uns nicht am richtigen Platz sei. Franz schickte den Kellner zurück und sagte, er solle die Angelegenheit allein erledigen. Nach kurzer Zeit kam er entsetzt wieder, der Gast sei sogar aggressiv. Darauf ging Franz mit langen energischen Schritten in den Gastraum. Ich beeilte mich, sofort hinterher zu kommen, um eventuell schlichtend einzugreifen. Tatsächlich saß ein äußerst ungepflegter Mann im Lokal und patschte mit dem Whisky auf unserer Tischdecke herum. Franz hatte ihn bereits mehrfach aufgefordert, das Lokal zu verlassen, und zerrte ihn nun vom Stuhl, warf ihn wie einen Sack über die Schulter und schleppte ihn Richtung Ausgang. Kurz vor der Tür klopfte der Mann Franz auf den Rücken und schrie: „Franz, bitte wirf mich nicht auf die Straße.

Das bin doch ich, Dietmar!" Alles wurde auf einem Video dokumentiert. Die Gäste im Saal waren vorher instruiert worden und warteten mit Neugier auf das Ende des Kurztheaters. Dietmar, unser langjähriger Freund, ist Zahnarzt und hatte sich zuvor ein unfassbar scheußliches Gebiss gegossen, das jedes Gesicht verunstaltete. Dazu trug er eine Brille mit Gläsern von der Dicke eines Weinflaschenbodens, eine Mütze mit angeklebten, langen, grauen und scheinbar fettigen Haaren und nutzte seine Stimme völlig verfremdet. Franz bestellte umgehend bei Dietmar genauso ein Gebiss für sich. Zur ersten Einladung für eine Livesendung im Fernseh-Studio in Köln erschien Franz in dieser Montur. Die entsetzte Reaktion des Moderators war herrlich anzusehen, die Entspannung und Freude, als Franz sich demaskierte, auch! Auftritte dieser Art waren lange Zeit eine Supernummer bei verschiedenen Festlichkeiten und machten noch lange Furore.

Immer wieder versuchten wir, unseren Gästen für ihre besonderen Feiern verrückte und unvergessliche Unterhaltung zu bieten. Beispielsweise startete die „Rundreise" einer Geburtstagsgesellschaft in unserem Atelier in Werne. Es gab Champagner aus Senf- und Marmeladengläsern. Wer das Atelier besuchen wollte, musste sich vorgebeugt durch die auf halber Höhe versperrte Tür schlängeln. Diese Konstruktion diente dazu, jeden Besucher des Ateliers, inklusive des Künstlers selbst, zur Verbeugung vor der Kunst zu zwingen. Die sehr elegante Gesellschaft verstand den Spaß wunderbar und die eigentliche Feier im Restaurant endete erst um 4 Uhr am Morgen.

Ende der Idylle in Schwansbell
August 2004

Nach 22 Jahren in Schwansbell erreichte uns eine Hiobsnachricht. Der Mietvertrag mit der Stadt Lünen für das Schloss wurde vom Eigentümer, der das Gebäude zur Wohnraumnutzung umbauen wollte, nicht verlängert. Für uns würden sich die Bedingungen sehr verändern. Zwar blieb der Vertrag für das Gesindehaus, wo wir „residierten", noch erhalten, allerdings sollten die meisten Parkplätze nun für die neuen Mieter des Schlosses reserviert bleiben. Uns blieben lediglich 8 Stellplätze für bis zu 60 Gäste im Stoßgeschäft. Wie sollten wir existieren? Die zukünftigen Nachbarn wollten am Wochenende ihre „Idylle pur", also genau dann, wenn wir aber die meisten Gäste hatten. Unsere Verzweiflung wuchs. 22 Jahre waren wir von der Stadt Lünen verwöhnt worden. Am Wochenende gehörte das Schloss uns

und unseren Gästen. Und nun das! Am Tiefpunkt der Verzweiflung erreichte uns die Nachricht, dass die Finanzhochschule, als Verwalter des Schlosses Nordkirchen, einen Pächter für ihr Restaurant suchte, und uns gern treffen wollte. Als wir zum „Westfälischen Versailles" fuhren und dieses riesige Objekt nicht unter dem Aspekt einer touristischen Attraktion, sondern als möglichen zukünftigen Arbeitsplatz betrachteten, kamen uns erhebliche Bedenken. Die Aufgabe, hier für die Gastronomie verantwortlich zu sein, wäre mit dem Sprung von einem kleinen Motorboot auf ein Traumschiff mit 4000 Passagieren vergleichbar. Außerdem war das Datum in unseren Geburtsurkunden zu bedenken. Unser mulmiges Gefühl, als wir vor dem Eingang zum Treffpunkt standen, ist nicht zu beschreiben. Jetzt mussten wir aber die Nummer durchziehen und uns möglichst glaubwürdig und halbwegs elegant aus den Gesprächen zurückziehen.

Man zeigte uns das ganze Schloss und auch unser „Einsatzgebiet", das Restaurant im Souterrain des Hauptflügels. Das war wirklich ein Traumschiff im Vergleich zu unserem verlorenen Schwansbeller Paradies: wunderschöne Gästesäle direkt an der Gräfte, mit Blick auf die Venus-Insel mit ihren Skulpturen, eine nahezu überdimensionale Küche, gewaltige Kühl- und Magazinräume, Weinkeller in beiden Seitenflügeln des Schlosses, eine eigene Wäscherei, und als Zugabe noch Personalräume mit Dusche. Für uns war es ein riesiges Labyrinth. Bei der zukünftigen Personalsuche müssten wir, statt nach einem Führerschein, wohl eher nach Orientierungs- und Inlineskater-Begabung fragen.

Wir waren berauscht und baten um Bedenkzeit. Wir zweifelten erheblich an unserem Können und eigentlich wollte Franz endlich wieder intensiv malen. Für das nächste Treffen nahmen wir uns vor, das Angebot höflich abzulehnen, und ein kleineres Objekt zu suchen. Als wir die gewaltige Größe des zu „bespielenden" Raums als Hauptproblem nannten, bekamen wir die Antwort: „Sie können frei entscheiden, wie groß ihr Restaurant werden soll." Auch für alle weiteren Zweifel und Bedenken gab es immer wieder Lösungsvorschläge. Nun saßen wir in der Sackgasse. Ein ehrenhafter Rückzug war nicht mehr möglich. „Bei dem Elefantenobjekt werde ich mein Atelier für immer nur noch von außen sehen!", sagte Franz. Im Nachhinein, als wir uns schon in Nordkirchen eingelebt hatten und im netten Rahmen mit zuständigen Personen ein Resümee zogen, erfuhren wir zum ersten Mal von den Zweifeln der anderen Seite. Schließlich hatten auch sie gesehen, dass wir vom üblichen Rentenalter nicht mehr weit entfernt waren. Es wurde abgewogen, ob es sich lohne, für vier Jahre den Vertrag zu unterschreiben.

Es sind, dank Gott und der guten Geister des Schlosses, für uns inzwischen fünfzehn Jahre in Nordkirchen vergangen. Diese arbeitsame und abenteuerreiche Zeit fühlt sich für uns wie fünf oder sechs Jahre an. Wir bedauern nur, dass dieser Wechsel nicht zehn Jahre früher stattgefunden hat.

Als Start- und Eröffnungstermin setzten wir auch 2004 in Nordkirchen den 29. November fest, wie vor 22 Jahren in Schloss Schwansbell. Und wie damals hatten wir wenig Zeit. Die Renovierung der stark abgenutzten Stühle in den Sälen übernahmen unsere langjährigen Freunde Elisabeth und Willi. Für die Ausschmückung der hohen Räume wiederholte ich meine bewährte Technik aus Schwansbell. Kilometerweise wurde Stoff gekauft, passend zur Barockzeit in glänzendem Gold und Weiß, und, wie in Schwansbell, sehr improvisiert zu großen Rosen geformt und mit kleinen Nägelchen an den Wänden rund um die Fenster befestigt. Es sah theatralisch aus und gefiel einigen Gästen so gut, dass sie es sogar nachmachen wollten. Die genaue Technik der Befestigung ließ ihre Begeisterung dann aber abkühlen.

Das Internet empfahl sich als eine wunderbare Quelle für barocke Ausstattungen. Die Amphoren, Kerzenständer, Kristall-Leuchter, eine alte Sitzgruppe und Sessel à la Ludwig XIV., „made in Egypt", schufen eine gute Atmosphäre. Ein Sekretär mit vielen kleinen Schubfächern war die Krönung meiner Einkäufe. Dazu kamen noch Secondhandteppiche. Es sah aus wie bei einem stilvoll verarmten Grafen. Bei Kerzenlicht war es sogar romantisch. Zwei Tage dauerte der gesamte Umzug.

Zur Eröffnung hatten wir achtzig Gäste eingeladen, was für uns damals eine unvorstellbar hohe Zahl war. Porzellan hatten wir vorausschauend ausgeliehen und vorsichtshalber auch zwei Spülfrauen engagiert. Zu unserem Glück und auch Pech kamen alle geladenen Gäste, die sogar noch einige Freunde mitbrachten, und dazu geschätzt 40–50 Gäste aus Nordkirchen und Umgebung, die sich auf den Weg gemacht hatten, um den Fremden im Münsterland zu begutachten. Es war eine schöne kulinarische Katastrophe! Für doppelt so viele Personen wie ursprünglich geplant fehlte es an Essen. Unsere Köche verbrauchten die für die nächsten Tage geplante Ware gleich am ersten Abend. Gut, dass wir wenigstens genügend Vorräte an Bier und Wein hatten. Zur Abrundung der Herausforderungen an diesem Tag hatte sich auch noch das Fernsehen angemeldet. Es sollten interessante Restaurants vorgestellt werden. Eigentlich war Schwansbell als das vorstellungswürdige Objekt geplant. Im Umzugsstress hatten wir verpasst, den Aufnahmechef über unseren Ortswechsel zu informieren. Zwar enttäuschte ihn etwas unsere Organisation, aber er beschaffte für den Sendungstrailer sogar noch aktuelle Luftaufnahmen von Nordkirchen. Wir waren zerrissen zwischen der Aufgabe als Gastgeber und den Dreharbeiten, und besorgt über das ungewöhnliche Interesse und den Appetit der Gäste. Ich vermute, der Regisseur hatte wirklich ein interessantes Objekt zum Vorstellen.

Unser Freund Robert, ein sehr besonderer Mensch, war fest entschlossen, mit Franz im Duett in der Fernsehsendung aufzutreten. Der Regisseur hatte jedoch einen vollkommen anderen Plan. Nach einer Viertelstunde war er genervt und forderte Robert auf, endlich zu den anderen Gästen zu gehen. Alle Bemühungen blieben ohne Erfolg, und so bat er Franz, den Störenfried endgültig zu entfernen. Franz konnte aber auch nicht viel bewirken, und als einzige Entschuldigung für seine Machtlosigkeit sagte er: „Bitte um Verständnis! Er ist ein Psychiater!" Danach wurde ich zur Hilfe gerufen. Nach einigen Minuten zeigte mein Ablenkungsmanöver Wirkung. Ein Erinnerungsfoto mit Franz von der Einweihung des Restaurants akzeptierte er als Ersatz für den TV-Auftritt, aber er wünschte, bei dem Foto aus Kulanz die Regie zu übernehmen. Robert dachte nicht lange nach, ging zu dem schön eingedeckten barocken Tisch und stellte seinen beschuhten Fuß zwischen die Weingläser, direkt auf die weiße Tischdecke. Als Franz dazukam, musste er ein Lachen unterdrücken und nahm auch die gewünschte Position mit gestrecktem Bein ein. Nach dem Fotoshooting hielt Robert sein Wort und das TV-Team konnte in Ruhe arbeiten. Am nächsten Tag rief er Franz an und berichtete, dass der gestrige Spagat am Tisch seine Sehnen überstrapaziert habe, und er nun im Bett bleiben müsse.

Die nächsten Tage und Wochen waren sehr arbeitsreich. Langsam gewöhnten wir uns an die langen Wege. Die Gäste bewunderten unsere barocken Kostüme für die Servicekräfte. In Anlehnung an den großen Jupiter Saal, den historischen Festsaal des Schlosses, bekam auch im Restaurant jeder Raum einen Namen. Der Hauptsaal wurde Venus getauft, das kleine Gesellschaftszimmer, mit Sicht unter die

Restaurant Venus 2004

Restaurant Venus 2019

Brücke, dem Komponisten Johann Sebastian Bach gewidmet. Der Raum mit dem funktionstüchtigen Kamin aus dem Jahr 1740 wurde, wie konnte es anders sein, Kaminzimmer genannt. Der Vorraum zum Bach Salon war unser „Carpe Diem" und die Kneipe mit Theke hieß nun „Tränke".

Nicht nur über Kultur reden, sondern machen

In Nordkirchen nutzten wir die großzügigen Räume und die gepflegte Umgebung zu kulinarischen Abenteuern, aber auch zur Umsetzung interessanter Ideen. Unsere innere Unruhe drängte uns, das Leben nicht zu verschlafen, sondern etwas auszuprobieren. Einige Jahre zuvor hatten wir bei einem Liederabend Angela und Peter als zwei beeindruckende Musiker kennengelernt. Schon bei der ersten Begegnung hatten wir vier eine starke Verbindung. Über die beiden sind wir regelrecht hinein gerutscht in das Projekt „Mayerling*-Requiem einer Liebe". Es geht um die tragische Geschichte der großen Liebe zwischen dem Kronprinzen Rudolf von Österreich und Mary von Vetsera, die bis heute mit einem geheimen Schleier umhüllt ist. In dem Jagdschlösschen Mayerling, südwestlich von Wien gelegen, spielte sich die Tragödie ab.

Wir waren ein seltsames Quintett, dass dieses Projekt in Angriff nahm. Ich vermute, dass unser Freund Rüdiger, ein mit imposan-

Der Komponist bei der Arbeit

Mizzi, „Mayerling*Requiem einer Liebe"

tem Wissen gesegneter Mensch, der mit Leichtigkeit kluge Gedichte zu schreiben weiß, sich vorgenommen hatte, endlich die behütete Wahrheit der Tragödie herauszufinden. Nach langen Forschungen schrieb er zu der CrossOverOpera das Libretto und Peter komponierte berückende Musik. Franz gestaltete das Bühnenbild und Angela sang die Prostituierte Mizzi.

Entweder war die Musik oder die Darstellung so überzeugend, wahrscheinlich sogar beides, so dass unser Personal noch lange danach die Mizzi-Szenen begeistert mitsang. Für die Realisation des Projekts gingen wir auf Sponsorensuche, hielten Castings für Darsteller ab, erlebten intensive Proben und schöne gemeinsame Stunden in der Theaterkantine im Schloss Restaurant Nordkirchen. Die erfolgreiche Premiere fand am Valentinstag, den 14. Februar 2006, in der Oranienburg statt.

Zu unseren großen Projekten gehörte auch der 200. Geburtstag von Frédéric Chopin, den wir ausgiebig mit einem großen Gala-Konzert mit 150 Gästen in der Oranienburg feierten. Auf dem Programm standen Rezitationen von Siegfried Carl über Chopin, Peter ließ Chopin durch sein Klavierspiel an diesem Abend gegenwärtig sein und die Gäste aßen ein Menü mit Chopins Lieblingsgerichten. Es war ein unvergessliche Geburtstagsfeier!

Eine neue Idee im kleineren Format ergab sich, als die Schlossverwaltung die Toiletten im Restaurant renovierte. Neue, extravagante Spülbecken waren eingebaut worden. Das war frisch und schön, aber es entstand eine Dissonanz zwischen den neuen Details und den alten Wänden, Türen und Böden. In unserer Küche machte gerade Adele, eine Studentin der Kunstakademie Berlin, ein Praktikum, um Ideen und Inspirationen für ihre Diplomarbeit „Eat Art" zu sammeln. Adele war gefühlt schon ab dem ersten Tag seit Jahren bei uns zu Hause. Sie hatte 2 Wochen geplant und blieb bei uns für Monate. Zwei fleißige Künstler im Haus hat man nicht oft. Frische Ideen und Fantasie sollten die „Toiletten" zu einem harmonischen Ort umwandeln, wo man sich gerne aufhält. Franz beschäftigte sich mit der Herren- und Adele mit der Damentoilette. Franz war in drei Tagen fertig. Zwei Künstler, zwei Welten, unterschiedlicher könnte es nicht sein. Franz hatte in der Herrentoilette ein Atelier eingerichtet mit Farben, Pinseln und Paletten und an jeder Kabinentür prangte auf der Innenseite ein Frauenakt. Adele hatte ein erheblich zeitaufwen-

Chopin-Geburtstags-Dinner
2010

Klovernissage

digeres Konzept. Sie arbeitete viel mehr mit Dekoartikeln, veredelte sämtliche Kabinentüren durch Marmorierung und kleine aufwendige Zeichnungen. Außerdem diskutierte sie über Kunstthemen mit den Gästen und machte Führungen durch die bereits fertiggestellte Herrentoilette. Die Damentoilette müsste unter Denkmalschutz gestellt werden, denn Adele ist heute eine Künstlerin, die schon im Zentralpavillon bei der Biennale in Venedig ausgestellt hat. Die neue Ausstattung verdiente eine Vernissage, und zwar eine „Klovernissage". Unsere Arbeitsgruppe „Mayerling" hatte sich zur Mitwirkung freiwillig gemeldet. Wir waren also wieder in einem Projekt vereint. Rüdiger hatte ein Referat vorbereitet: „Toiletten, Physiologie der Verdauung und Ausscheidung in der Literatur der letzten hundertfünfzig Jahre". Wir staunten, womit sich unsere Dichter offen und schriftlich auseinandersetzten. Sogar Goethe berichtete seiner Schwester detailgenau, wie seine Verdauung funktionierte. „Homo sum, humani nihil a me alienum puto." (Ich bin ein Mensch, nichts Menschliches, denke ich, ist mir fremd.) – ein geflügeltes Wort. Übrigens fand die Vernissage auf den Toiletten statt. Das Klavier wurde dort hingestellt und Peter spielte unvergesslich Chopin. Angela sang hervorragend und ohne Hemmungen an diesem ungewöhnlichen Ort. Die Akustik war dank der alten Ziegelgewölbe erstklassig. Die Getränke und kleinen Appetithäppchen haben ebenso geschmeckt. Fazit: Jeder Anlass kann sich zu einer Super-Party entwickeln, man muss nur Mut haben.

Aus der Toilette führten unsere Wege auch in die weite Welt nach Japan, Baku in Aserbeidschan und nach Russland.

Tokio

Im Jahr 2005 bescherte uns ein spannender Auftrag eine intensive Begegnung mit dem Land der Kirschen. Im Rahmen des Deutschen Jahres in Japan wollte sich das Land Nordrhein-Westfalen kulinarisch-künstlerisch präsentieren. Wir wurden auserkoren, diese Aufgabe zu übernehmen. Der Künstler Franz malte das Bild „Wir sitzen alle in einem Boot", das als Kunstdruck geplant war und allen Gästen ausgehändigt werden sollte. Der Koch Franz sollte dort die Westfälische Küche im New Otani-Hotel in Tokio präsentieren. Am dritten Tag stand auf unserer Agenda, bei einer Gala-Veranstaltung mit einem 5-Gänge-Menü 150 Personen zu verwöhnen. Am sechsten Tag hieß es, mit einem „Deutsche Spezialitäten-Buffet" 1000 Gäste zu überraschen.

Reise nach Japan

Landesempfang Nordrhein-Westfalen am 8.11.2005 in Tokyo

Kühlhaus in Tokio

Tokio

Im Vorfeld hatten wir beide Veranstaltungen sorgfältigst geplant und vorbereitet. Die benötigte Ware wurde im Großmarkt in Tokio bestellt und der Zahlungsmodus vereinbart. Einige Produkte, Dekoration, Werkzeuge, sowie 1000 Kunstdrucke und 100 Päckchen Pumpernickel mussten wir aus Deutschland mitnehmen. Unser Kochteam bestand aus fünf Personen: Chefkoch Norbert, Souschef Matthias, Adele (unsere Künstlerin und Dauer-Praktikantin in eigener Sache), Franz und ich. Obwohl wir fünf Personen waren, hatten wir keinen Platz mehr für die 100 Päckchen Pumpernickel. Unser reiselustiger Freund Michael begleitete uns für 4 Tage, „um nur kurz Tokio zu sehen". Er wurde als Last- und Gepäckesel eingesetzt und übernahm in seiner Reisetasche die ganze Ladung des edlen Gebäcks. Am Zoll wurde von uns Fünfen niemand kontrolliert, nur unser „Schmuggler" Michael musste seine Tasche öffnen. Die Zöllner waren sehr überrascht ob der Menge an Päckchen und fragten, was das denn sei? Michael reagierte pfiffig: Er sei hochallergisch und vertrage nur dieses Brot. Es wurde kurz beraten und die Reisetasche glücklicherweise, begleitet von einem Stoßseufzer unsererseits, freigegeben. Da waren wir um ein Haar an einer Katastrophe vorbeigeschrammt. Der ganze Pep in der Dekoration wäre verloren gewesen!

Am frühen Morgen waren wir in Tokio gelandet. Während die anderen Mitglieder der deutschen Delegation ins Hotel gebracht wurden, sollte unsere Küchenbrigade mit einem Extrabus einkaufen fahren. Die ganze Ware war schon aufgeladen, aber Franz musste noch Details der Bezahlung klären. Darum bat er die Dolmetscherin und den Fahrer, die Lebensmittel schon mal ins Hotel zu bringen. Das wurde uns zum Verhängnis.

Zwar hatten wir vor der Reise viel über Gebräuche und gutes Benehmen in diesem rätselhaften Land gelesen, aber die wahre Schule findet vor Ort statt. Wir hatten wunderschön verpackte Geschenke für den Chefkoch des Gasthotels mitgebracht, aber die richtige Zeit des Aushändigens verpasst. Das war ein fundamentaler Fehler. Statt mit dem Chef des Großhandels zum Lunch zu gehen, wäre Franz laut japanischem Knigge verpflichtet gewesen, zuerst zum Hotel zu fahren, um sich dort vorzustellen, den Chefkoch zu begrüßen und mit einer traditionellen Zeremonie die Geschenkübergabe zu zelebrieren. Außerdem war es eine kleine Beleidigung, vom Hotelpersonal, das auch seine japanische Ehre hat, das Ausladen und Verstauen der

Tonnen von Ware zu erwarten. Die Retourkutsche folgte: Die versprochene Kochbrigade aus japanischen Helfern erschien weder am gleichen noch am nächsten Tag. Uns wurden unsere Küche und das Kühlhaus mit der Ware gezeigt und dann waren wir allein. Zudem durften wir nicht länger als 22.00 Uhr arbeiten. Die japanische Gewerkschaft wachte streng über die Einhaltung der Regeln. Unsere Planung, bis Mitternacht zu arbeiten, wurde rigoros gekappt. Licht und Strom wurden ausgeschaltet, die Kühlhäuser verschlossen. Die Dolmetscherin erklärte uns den Grund dieser harten Strafe: Zwar hätten wir die Möglichkeit, uns über die Organisatoren des Landes NRW mit Berufung auf den Vertrag zu beschweren, das würde allerdings als eine weitere Eskalation verstanden. Also hieß es: Durchhalten und abwarten.

Abzuwarten war sicher ein kluger Rat einer Insiderin dieses Landes, aber die Umsetzung war grausam. Die Ruhe zu bewahren, während es rund um uns brannte, das war nicht leicht. Wir verließen uns auf den Rat der Dolmetscherin. Am nächsten Tag arbeitete unser Quintett wie Automaten. Keine Gespräche, höchste Stufe der Konzentration. Franz meldete sich als erster zu einem Toilettengang ab. Nach einer halben Stunde war er noch nicht zurück. Wo blieb der Kerl, wo doch jede Minute zählte? Endlich tauchte er gestresst und frustriert wieder auf. Adele, die bis jetzt ihren Spitznamen „Siesta" verdiente, war völlig genervt. „Franz, wir brauchen jede Hand, und wo sind deine zwei so lange geblieben?" Franz deprimiert: „Ich konnte unsere Küche nicht wiederfinden! Die Toiletten sind auf einer anderen Etage. Aber es gibt 10 oder 20 unterirdische Stockwerke, die nicht mit Schildern oder Nummern versehen sind. Alle sehen gleich aus und dazu konnte mich niemand verstehen!" Als der Bericht erfolgte, parierte er schon wieder Fleisch.

Unsere Dolmetscherin und unsere innere Stimme hatten uns gut beraten. Denn am Nachmittag des zweiten Tages kamen mehrere Köche zu Hilfe. Franz verteilte, sichtbar erleichtert, die Aufgaben. Jetzt lief alles mit zehnfacher Beschleunigung. Die Köche waren enorm fleißig und für alle Neuigkeiten offen. Als eines der Gerichte fertig war, nahm Franz einen Löffel und reichte dem ihm am nächsten stehenden Koch eine Kostprobe, wie man es im Team gerne macht. Überraschenderweise wollte der Koch die Probe nicht annehmen und zeigte auf einen Kollegen mit etwas höherer Kochmütze. Die Dolmetscherin erklärte dem staunenden Franz, dass die Hierarchie in der Küche strikt eingehalten werden müsse – zuerst probiert der Koch von höherem Rang. Schon wieder etwas gelernt.

Unser Paradegericht auf einer Sauerkrautwolke wurde auch vom obersten Chef, dessen Würde dummerweise angetastet worden war, begutachtet, probiert und glücklicherweise für gut befunden. Das Eis taute langsam auf. Franz Freude war so groß, dass er seine Spontaneität nicht mehr bremsen konnte, und er drückte und umarmte in seinem Glück den Oberchef. Der reagierte nicht, stand wie eine Schaufensterpuppe mit nach unten hängenden Armen. Franz, vor lauter Freude, merkte dessen Passivität nicht einmal. Zum Glück war das Glücklichsein kein großes Vergehen. Das Wichtigste in der Küche waren Frieden und eine Chance, die Aufgaben pünktlich abzuarbeiten. Alle Gerichte wurden streng nach Rang probiert. Die Teller mit von zerlassener Schokolade gemalten Blumen fanden Fans, die das dringend nachmachen wollten. Entzückt waren die Japaner von den von Franz entwickelten süßen Sushis. Statt der Algenmatten verwendete er dünne süße Pflaumenmatten. Sie sahen aus wie gewöhnliche Sushis, waren allerdings mit gebratenen Mandeln, Mousse au chocolat und ähnlichen Süßvarianten gefüllt.

Zum Sektempfang waren unter anderem Kanapees vorgesehen. Franz machte einige Muster, damit die helfenden Köche eine Idee von ihrer Aufgabe bekamen. Und los ging der Akkord. Kurze Zeit später kam Matthias verzweifelt zurück und sagte: „Die werden mit den Kanapees nie fertig!" Franz wusste, dass Matthias nie übertrieb, und folgte ihm zur Kanapeeproduktion. In der Eile waren Franz bei seinen Mustern die zugeschnittenen Paprikas wie Mondsicheln geraten. Mit gewohnter Akribie standen die Köche nun mit Zentimetermaß und kopierten die Muster auf den Millimeter genau. Die Dolmetscherin konnte ihren Landsleuten nicht plausibel machen, dass sie freie Hand beim Zuschneiden hatten! So entstanden 700 identische Kanapees, wie aus einem gut programmierten Kanapee-Automaten. Das servierte Menü wurde begeistert aufgenommen.

„Nach dem Dessert" war für uns „vor dem Buffet für 1000 Gäste". Wir hatten wieder drei Tage Zeit, diesmal mit bestens gelaunten Japanern, die uns halfen. Einige Gerichte des Buffets waren das Beef Stroganoff und Rheinischer Sauerbraten. Beim Buffet kümmerte sich der japanische Service um Porzellan, Besteck und Gläser. Als nun die ersten Gäste sich der Verköstigung der Hauptgänge widmeten, sah

Sauerkrautwolke

NRW-Dessert in Tokio

man seltsame Szenen. Ganze Gruppen von Herren in schwarzen Anzügen hielten in den Händen Stäbchen mit aufgespießten Scheiben Sauerbraten. Es hätte eine Szene aus einem Bild von René Magritte sein können: „Sauerbraten-Lollipops". Unsere Servicehelfer hatten nur Stäbchen vorbereitet. An das irgendwo im Magazin im tiefen Keller deponierte Besteck hatten sie nicht gedacht. Der etwas peinlichen Szene war mit einem scharfen Messer schnell abgeholfen. Der Braten wurde in mundgerechte Streifen geschnitten und erst dann den Gästen serviert.

Bayreuth

Eine andere Reise mit kleinerem Event, bei dem Kunst mit Kochen unerwartet verbunden wurden, führte uns nach Bayreuth. 2014 lud ein Galerist Franz ein, dort seine Bilder, verbunden mit einer Vernissage, auszustellen. Eine der Bedingungen für Franz Zusage war, dass der Galerist uns Tickets für die Bayreuther Festspiele organisieren sollte. Dank dessen konnten wir mit unseren Freunden Angela und Peter einen wunderbaren Festspielabend genießen. Wir waren zu viert, hatten aber nur noch zwei Karten bekommen können. So haben wir uns in verschiedenen „Besetzungen" die drei Akte der Wagner-Oper „Lohengrin" geteilt. Zwar waren unsere Sitznachbarn im Publikum wegen unserer Bäumchen-wechsle-dich-Aktionen etwas verwirrt, aber die Biergärten im Umfeld des Opernhauses hatten Freude an ihren wechselnden Gästen.

Die Ausstellung war ein Erfolg. Nach der Vernissage hatte uns der Galerist in ein Restaurant zum Essen eingeladen. Der Koch des Restaurants war an diesem Abend von den Sonderwünschen unserer Gruppe überfordert. Als er die Bestellungen aufnehmen wollte und jeder zweite, wie es sich für eine vornehme künstlerische Vernissage-Gesellschaft gehört, nur vegetarisch, vegan oder laktosefrei essen mochte, gab er auf und warf wörtlich das Handtuch. Franz wollte das Finale des Abends retten und hat mit seinem immer zuverlässigen Souschef und Freund Peter für „unsere" Gäste gekocht. Atma, unser Hund, bewies ein hohes Gerechtigkeitsgefühl. Den ganzen Abend erlaubte sie dem „blaumachenden" Wirt des Lokals nicht, sich zu uns an den Tisch zu setzen. Auch alle Bestechungsversuche mit Leckerbissen seinerseits prallten ungnädig an ihr ab.

Hommage an
Allan Rzepka

Epilog

Unser Buch heißt „OFFENBARUNGEN aus Küche und Atelier". Eine Assoziation zur Offenbarung ist das Geheimnis. Mit dem Offenbaren „geheimer" Rezepte ist es nicht so ganz weit her, denn durch Kochkurse und mitteilungswilliges Küchenpersonal sind viele Rezepte schon längst aus unserer Küche geschlüpft. Dagegen waren bisher viele unserer Erlebnisse im Safe unseres Gedächtnisses verschlossen. Diese Türen haben wir nun für so manche Geschichte geöffnet. Angesichts der Erlebnisse und Begegnungen, die wir in vielen Jahren der Gästebetreuung gemacht haben, kommen wir zu der Erkenntnis: Der Erfolg eines Gastronomen hängt nicht nur von seiner Kochbegabung, seiner guten Kondition und seinem kreativen Denken ab; noch wichtiger sind die Fähigkeit, Probleme zu lösen, ein übergroßer Sinn für Humor, und zu wissen, dass es ohne Freunde keine Freude gibt.

Diese Erfahrung haben wir in unserem Leben immer wieder gemacht. Derjenige, der bei uns in Schwansbell allererste Erste Hilfe leistete, war Günther, unser Nachbar in Schwansbell, Berater, Speisekartenkorrektor, „Pressesprecher", Tennispartner, Mann für alle Fälle. Im Gegenzug wurde Günther, Fotograf und Journalist, auf der Suche nach interessanten Themen für die Tageszeitung sehr oft bei uns fündig. Günther konnte Franz auch mühelos davon überzeugen, dass es lebenswichtig sei, Prioritäten zu setzen, und dergestalt überredet, fühlte Franz sich von seinen Küchenpflichten teilweise entbunden. So entfernte er sich in Schwansbell „unerlaubt" an einem Sonntag über den Fluchtweg durchs Küchenfenster, um an einem Tennisturnier teilzunehmen. Es retteten mich höhere Kräfte, indem sie dafür sorgten, dass Franz ein buntes Polohemd angezogen hatte. Damals verpflichteten die Tennisregeln zu weißer Kleidung. Franz wurde zum Turnier nicht zugelassen und kam zurück, zeitgleich mit einer großen Wandergruppe, die bei uns eine Stärkungspause eingeplant hatte.

Martin ist unser „Zwei-Meter-Engel". Er stand Modell für den „Kapuzinerengel über dem Alten Rathaus in Werne", ein Bild von Franz. Es wurde vervielfältigt und in vielen Geschäften in der Stadt ausgestellt. Da das Gesicht des Engels nicht so viel Ähnlichkeit mit Martins aufwies, wagte Franz nicht, ihn über seine große Rolle bei der Entstehung des Bildes aufzuklären. Auch half Martin, die Bilder von Franz an wichtigen Stellen auszustellen, wie beispielsweise in Museen in England und den Niederlanden. Er informierte zudem sämtliche Zeitungen über alle wichtigen Ereignisse in Schwansbell.

Wir haben immer Freundschaften mit Künstlern nahezu aller Nationen gepflegt und bewahren diese Beziehungen nun schon über Jahrzehnte. Von unseren Malerfreunden nimmt neben Dietrich unser langjähriger Seelenverwandter Allan einen besonderen Platz ein. Er malt und denkt surrealistisch und setzt die Tradition von Salvador Dalí, Magritte und Frieda Kahlo mit hoher Aktualität fort. Allan ist mittlerweile emeritierter, aber immer noch hochgeehrter, Professor an der Kunstakademie in Krakau. Sein Einfluss auf die Entwicklung von Franz Malerei ist gewaltig, so dass dieser sich sogar Meisterschüler von Allan nennt. Aber Allan seinerseits schätzt auch Franz Arbeiten besonders: „Märchenhafte Farbgebung, die die Aufmerksamkeit zuerst auf sich lenkt. Aber es bleibt nicht beim Spiel mit Farbe. Bei intensiverer Betrachtung entdeckt man eine Dramatik, Überlegenheit und intellektuelle Ladung, die beeindruckend ist."

Und weil wir hier unsere wichtigsten Freunde ehren möchten, dürfen Angela und Peter auf keinen Fall fehlen. Mit den beiden verbindet uns eine „kurze", erst 19-jährige Freundschaft. Zwar haben wir uns spät kennengelernt, aber gemeinsame Urlaubs- und Konzertreisen, verbunden mit Vernissagen in Dresden oder Bayreuth, und die Spurensuche in der Vergangenheit der Urahnen in Ostpreußen verbinden uns immer mehr.

Schon lange sind wir der Auffassung, dass hinter einem erfolgreichen Mann nicht nur eine starke Frau, sondern auch viele treue Freunde stehen.

Als Geselligkeits-Junkie braucht Franz die Hektik, manchmal auch das Chaos in der Küche, um danach die Abgeschiedenheit und Einsamkeit im Atelier genießen zu können. Jeden Tag treibt ihn sein Ehrgeiz und die Herausforderung an, etwas Neues zu schaffen. In seinen Selbstbildnissen malte er sich oft als Narr. Mir gefällt am besten das kleine Bild, wo Franz auf dem Drahtseil Akkordeon spielend Fahrrad fährt. Der Narr steht für das „Carpe diem", der Tanz des Narren auf dem Seil für das Bemühen um Balance in der goldenen Mitte. Das Spiel auf der Ziehharmonika betont die Wichtigkeit von Harmonie und Ausgewogenheit im Leben. Oft denke ich, dass das ganze Leben ein Seiltanz ist, und Franz seine Persönlichkeit äußerst treffend erfasst hat.

Mit dem Bild von Allan Rzepka, „Versuchungen" möchte ich meine „Senf-Zugabe" abschließen.

Herzlichst

Hanka Lauter

Allan Rzepka, „Versuchungen"

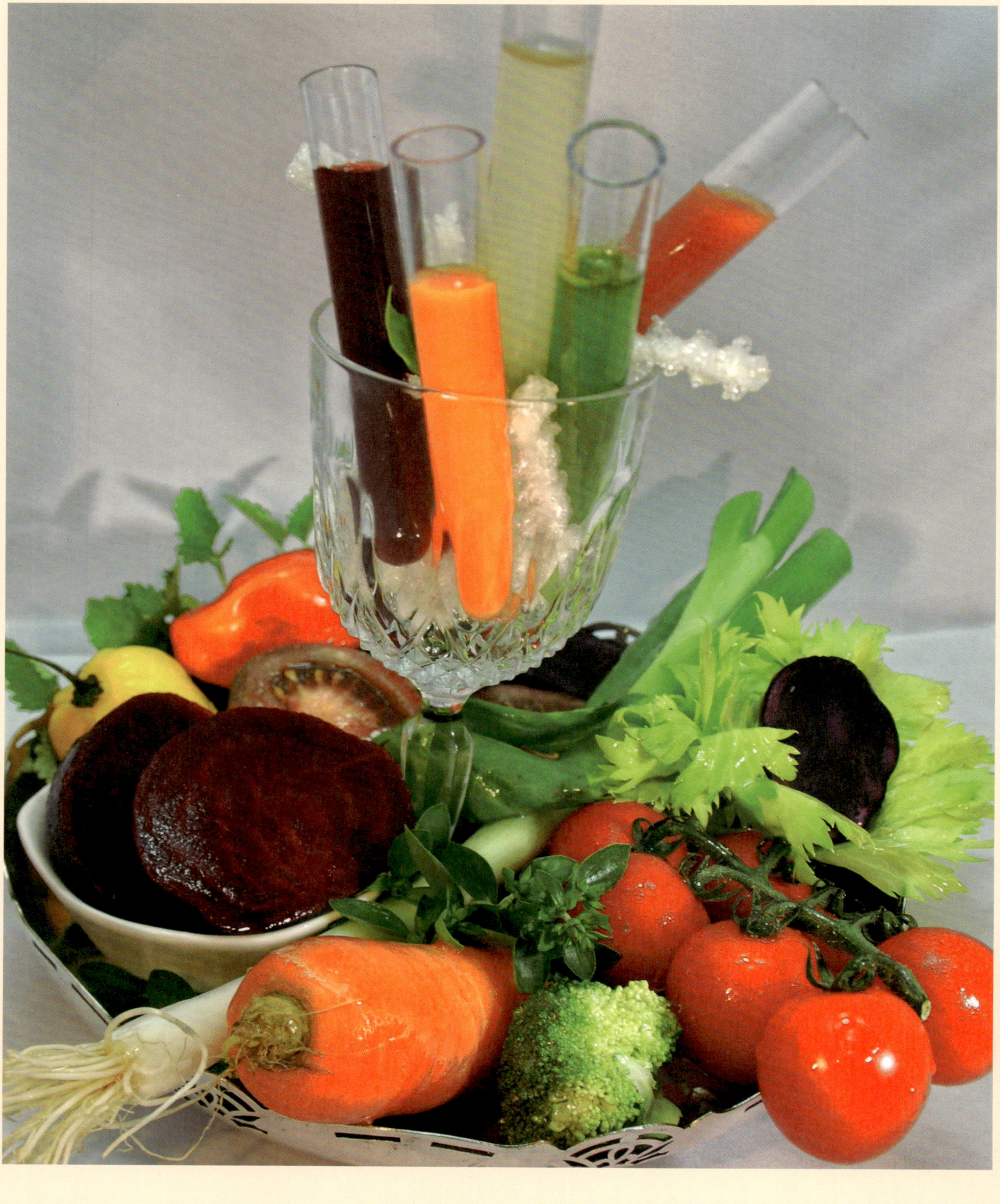

VORSPEISEN

3-Sekunden-Reis

100 g Wildreis

0,5 l Rapsöl

Salz und Pfeffer, wenn der Reis zum Bier gereicht wird

Puderzucker, wenn der Reis zu Champagner, Prosecco, Cremant oder Cava gereicht wird

Honig, wenn der Reis für Kinder zubereitet wird

Zuerst ein Sieb auf einen leeren Topf auflegen, der so groß ist, dass er das Öl fassen kann. Dann Rapsöl in einen weiteren Topf geben und sehr stark erhitzen. 2–3 Reiskörner testweise hineinwerfen; sobald sie platzen, ist die Temperatur richtig.

Wenn das Fett heiß genug ist: Wildreis vorsichtig in das heiße Öl schütten und Zählen: „21-22-23" – also den Reis 3 Sekunden frittieren. Topf sofort von der Herdplatte nehmen und den Inhalt vorsichtig in das bereitgestellte Sieb abgießen. Abwarten, bis der Reis trocken ist und je nach Verwendung würzen. In einer Schüssel oder auf Tellern servieren

Tipp: Wenn das Rapsöl wieder erkaltet ist, kann man es wie frisches Öl weiterverwenden.

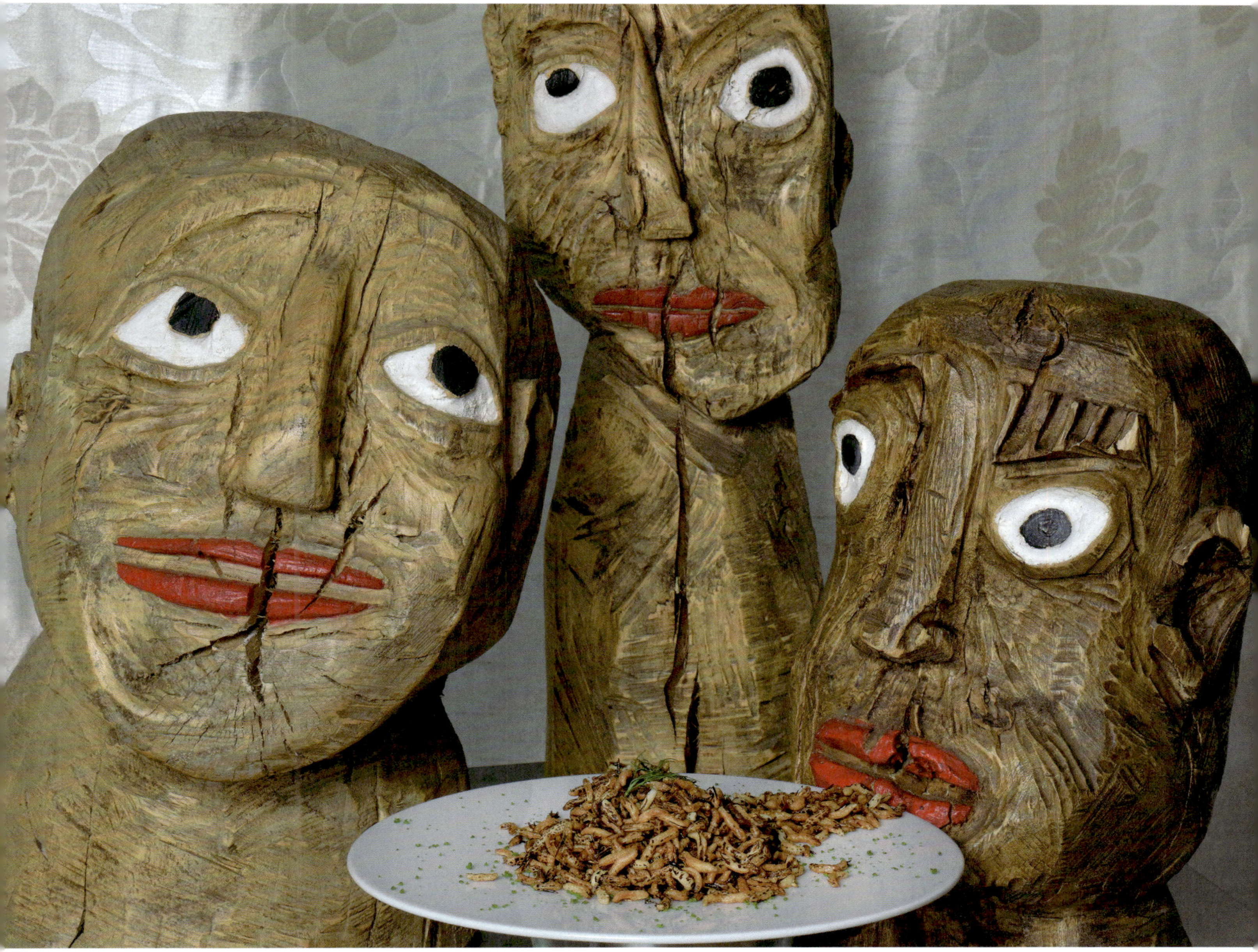

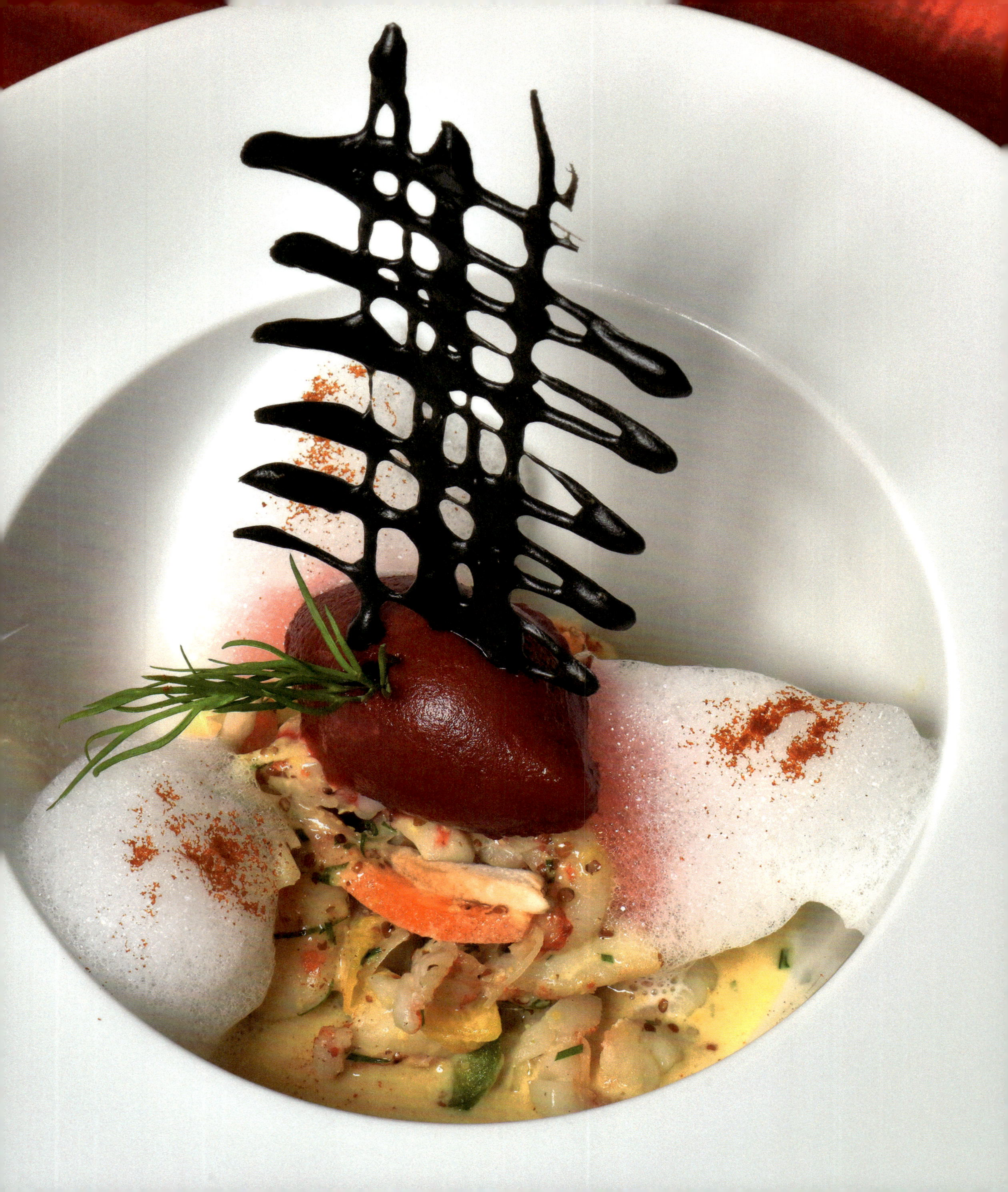

Gamba Stroganoff mit Rote Bete-Wasabi-Sorbet

Eine der Kreationen, für die ich vor 25 Jahren den ersten Michelin-Stern bekommen habe. Sie wurde damals mit mariniertem Lachs zubereitet, ein paar Jahre später mit Gambas; denn die Konsistenz von Gambas ist ideal für dieses Gericht.

Zubereitung Sorbet – Am Vortag
Zutaten sehr gut vermengen und in eine Eismaschine geben. Nachdem die Flüssigkeit eine cremige Konsistenz bekommen hat, die Masse im Gefrierschrank aufbewahren.

Vorbereitung Gambas
Gambas in feine Längsstreifen schneiden, Gurken und Paprika in Streifen etwa gleicher Länge und Dicke wie die Gambas schneiden, Champignons ähnlich fein stifteln, Schalotten schälen und sehr fein würfeln, Knoblauch schälen und fein hacken.

Zubereitung Gambas
Pfannenboden mit Öl bedecken und stark erhitzen, Gambas in die heiße Pfanne geben und sobald sie eine goldene Färbung annehmen, die Hitze reduzieren. Crème double, Senf, Knoblauch, Paprika-, Gurken- und Champignon-Stifte in die Pfanne geben und 2 Minuten mitdünsten. Schalotten dazugeben und weitere 2 Minuten mitdünsten, mit Salz und Pfeffer abschmecken und die Petersilie hinzufügen.

Das Sorbet als Nocken auf die Gamba Stroganoff-Portionen setzen und sofort servieren.

Tipp: Falls keine Eismaschine verfügbar ist, die Masse ins Eisfach stellen. Wenn sie gefroren ist, mit einem Esslöffel Portionen abnehmen und statt als Sorbet als Granité* servieren.

Rote Bete-Wasabi-Sorbet
- 150 g gekochte Rote Bete*
- 50 ml Rote Bete-Saft
- 25 g Glukose*
- 1 EL Sahne-Meerrettich
- etwas Wasabipaste *(nach Geschmack, mild oder scharf)*
- 15 ml Aceto balsamico, dunkel
- 1 TL Salz

Gambas
- 250 g geschälte Gambas vom Darm befreit
- 50 g frische Champignons
- 80 g Paprika *(gemischt, für eine bunte Optik)*
- 80 g Salz-Dill-Gurken
- 50 g Schalotten
- etwas Rapsöl
- 150 g Crème double
- 1 EL Pommerin-Senf *(ersatzweise körnigen Dijon-Senf)*
- 1 Knoblauchzehe
- 1 EL gehackte glatte Petersilie

Spargel-Mikado

Vinaigrette
1 Zitrone
3 EL Sonnenblumenöl
Salz, Pfeffer

Spargel
800 g roher, ungeschälter Spargel

Den Saft der Zitrone mit dem Sonnenblumenöl vermischen und mit Salz und Pfeffer abschmecken. Den Spargel schälen, einzelne Stangen auf 5 cm Länge schneiden und auf Streichholzdicke spalten (funktioniert wunderbar mit einer „Mandoline"*), mit der Vinaigrette anmachen und auf Tellern anrichten wie ein Mikado-Spiel.

Variationen
Nach Belieben mit Tomatenwürfeln oder gekochter und gestiftelter Rote Bete garnieren. Auch Dill aromatisiert den Spargel.

Tipp: Außerhalb der Spargelsaison kann man Schwarzwurzeln, Keniabohnen oder Sojabohnen-Keimlinge verwenden.
Dazu passt hervorragend marinierter Thunfisch, Lachs oder gekochter Schinken – mit etwas Phantasie ergeben sich viele schmackhafte Variationen.

Tipp: Diese Vinaigrette ist auch ein wunderbares Dressing zu Blattsalaten.

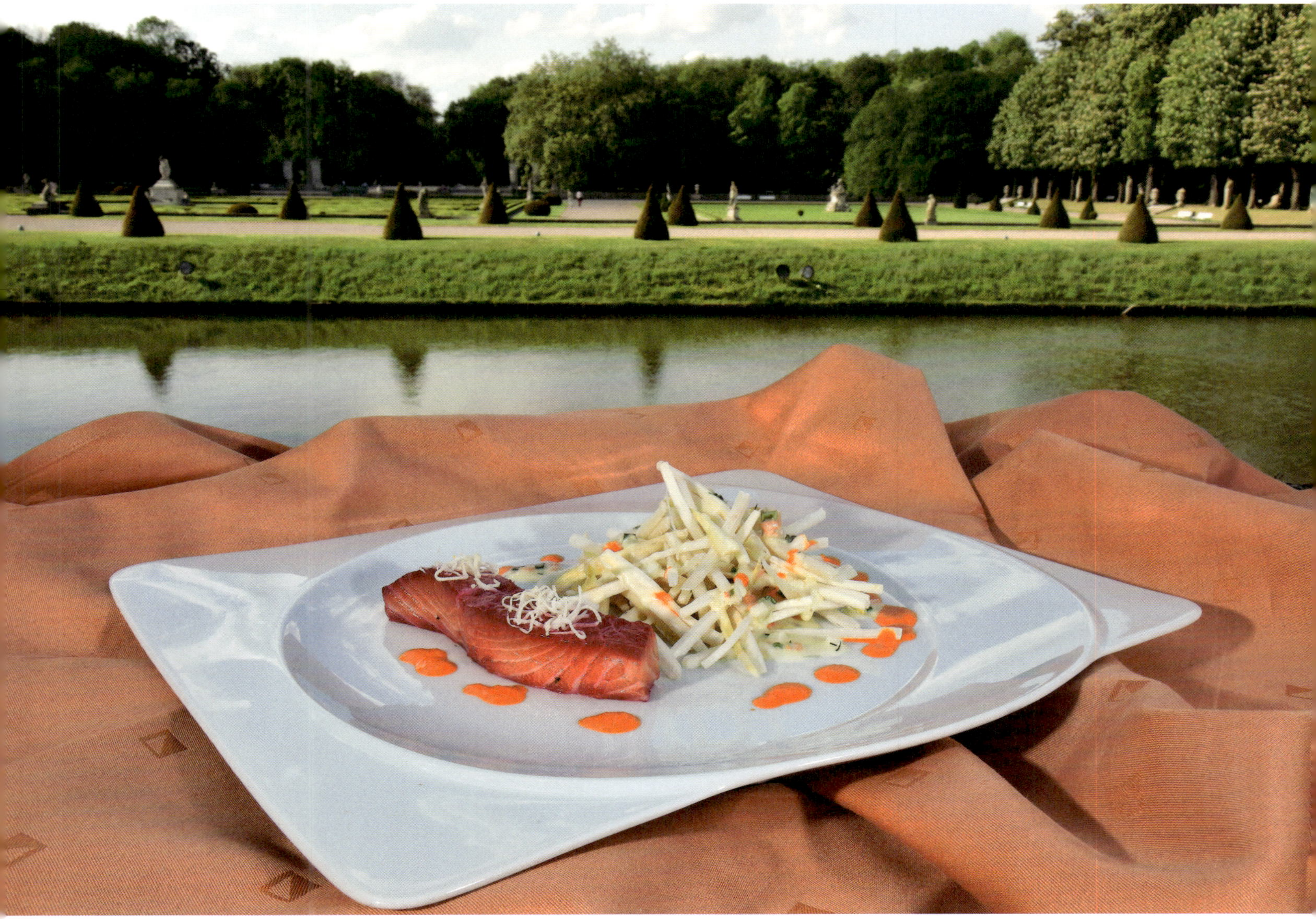

Oben:
Drei Farben Mohn, 2004

Rechte Seite:
Narrenschiff, 1994

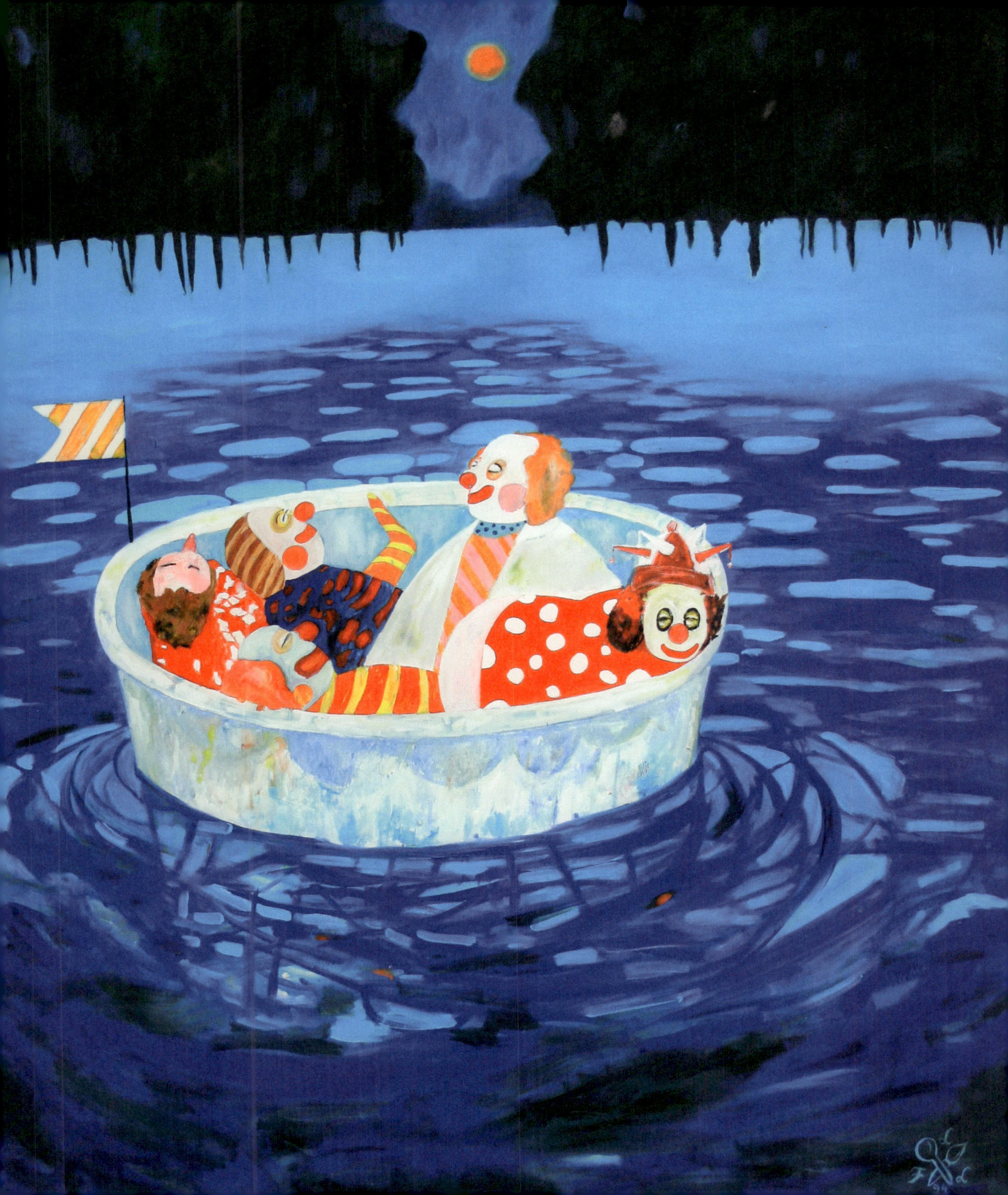

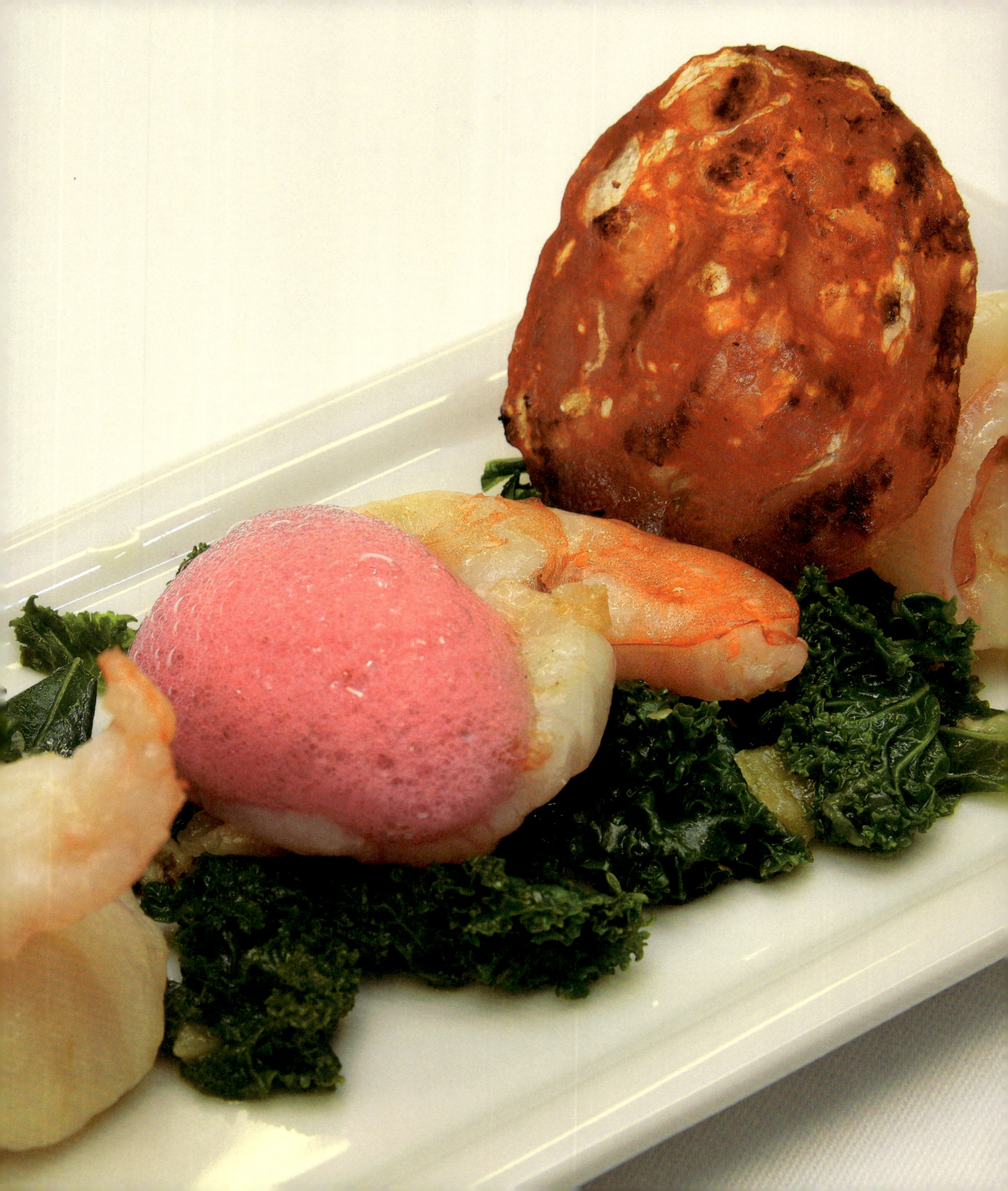

Grünkohl mit gebratenen Gambas

Zubereitung Grünkohl
Den Grünkohl waschen und von den Stielen zupfen. Das Öl in einer Pfanne erhitzen und den Grünkohl etwa 3 Minuten dünsten, Natron dazugeben und mit Salz und Pfeffer abschmecken, in der Pfanne warmhalten.

Mögliche Variation
100 g geräucherter Speck, fein gewürfelt, vor dem Grünkohl in der Pfanne auslassen.

Oder für Vegetarier:
100 g getrocknete, in Öl eingelegte Tomaten fein schneiden und zu dem gedünsteten Grünkohl geben.

Zubereitung Gambas
Die Gambas mit Öl in einer zweiten Pfanne anbraten und mit Salz und Pfeffer abschmecken, mit feingehacktem Knoblauch nach Belieben würzen. Den Grünkohl portionsweise anrichten, die Gambas aus der Pfanne nehmen und auf den Grünkohl geben, sofort servieren.

Als Deko oder geschmackliche Ergänzung eignet sich Chorizo, wie auf dem Foto links zu sehen.

Tipp: Natron hat eine alkalische Wirkung und dadurch behält grünes Gemüse seine Farbe.

Tipp: Um ein leichtes Räucheraroma zu erhalten, kann man ein paar Tropfen Öl mit Raucharoma dazugeben.

800 g frischer Grünkohl
etwas Öl
1 TL Natron*
Salz, Pfeffer
12 geschälte Gambas *vom Darm befreit*
etwas frischer Knoblauch *nach Belieben*

VORSPEISEN

Destruktion von Chili con Carne (Tatar)

Der Vorgang der Destruktion, nach meinem Verständnis, lässt sich am besten am Beispiel der Malerei erklären. Zuerst male ich ein nahezu foto-realistisches Bild, danach bearbeite ich Elemente, indem ich sie übermale, Konturen verschwimmen lasse und Partien verwische. Dabei entsteht eine Mischung aus konkret und abstrakt, vielleicht sogar „zerstört"; aber immer entsteht eine neue Kreation. Dieser Prozess lässt sich auf Rezepturen aus der Küche übertragen.

Marinade

1 TL Dijon-Senf

1 EL Kapern

1 EL Kapernwasser

1 EL gehackte Schalotten

2 Sardellen-Filets *(aus Lake)*

½ Knoblauchzehe

2 EL Ketchup

Chili con Carne

500 g Rinderfilet
(küchenfertig, d. h. fertig pariert)

200 g Maiskörner *(aus der Dose)*

etwas Olivenöl

50 g Kidney-Bohnen *(aus der Dose)*

2 EL Olivenöl oder Rapsöl

1 EL Trüffel-Öl

Salz, Pfeffer, Chilipulver
zum Abschmecken nach Belieben

1 EL Schnittlauch

Zubereitung Marinade
Kapern und Sardellen-Filets klein schneiden, Knoblauchzehe hacken. Alle Zutaten vermengen und an die Seite stellen.

Vorbereitung Chili con Carne
Das Rinderfilet mit einem scharfen Messer sehr klein schneiden. *Tipp für faule Köche:* das Fleisch kann man auch durch den Fleischwolf drehen. Auch den Schnittlauch klein schneiden.

Zubereitung
Die Hälfte der Maiskörner mit Oliven- oder Rapsöl vermischen und pürieren, bis eine homogene Masse entsteht. Verbliebene Maiskörner und die Kidney-Bohnen mit etwas Marinade anmachen. Das Rinder-Tatar jetzt erst marinieren*, maximal für 5 Minuten; dann mit Hilfe eines Dessertrings* das Tatar auf dem Teller anrichten, mit Schnittlauch bestreuen und die Teller hübsch anrichten.

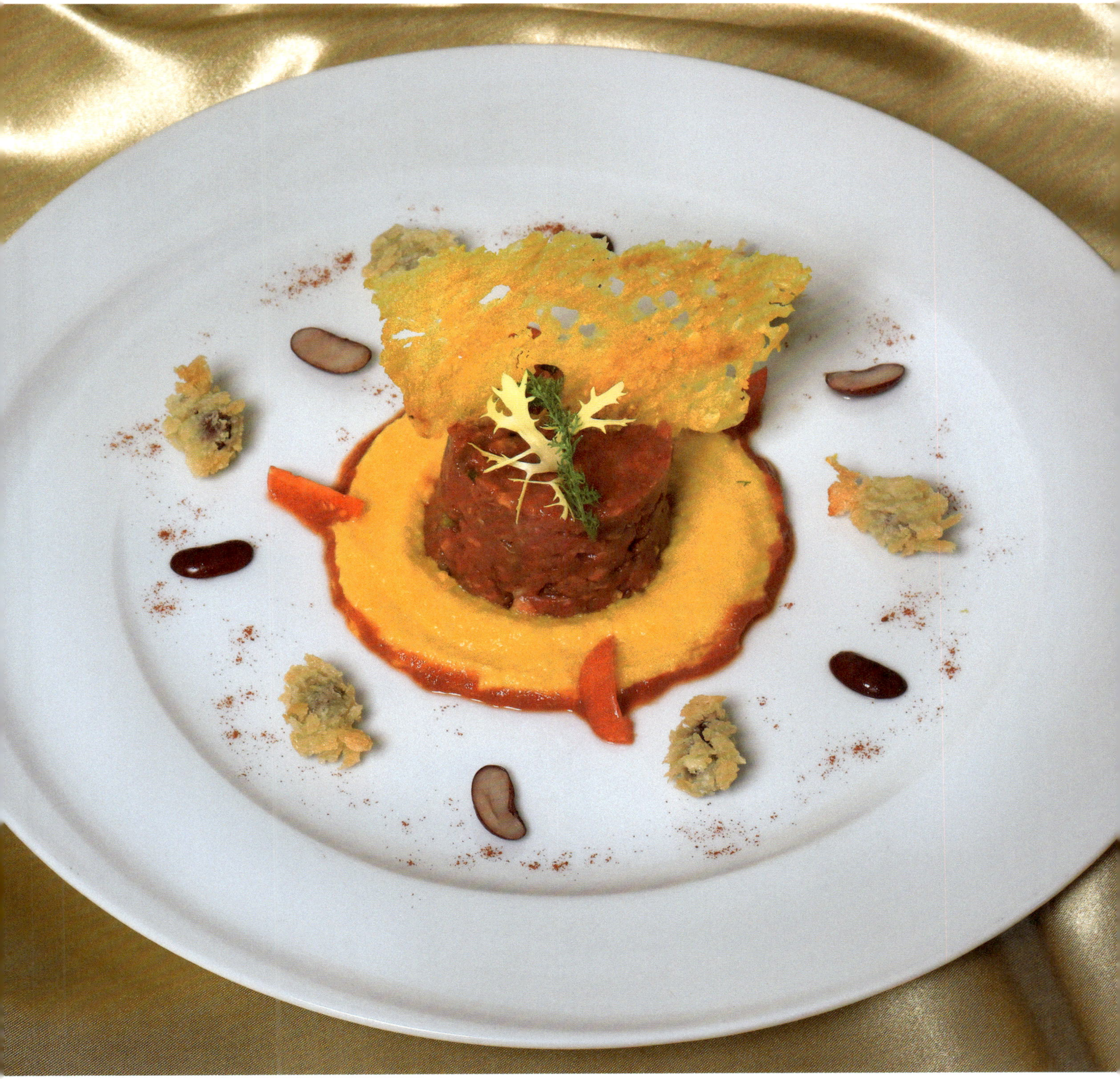

Oben:
Rote Blumen, 2009

Rechte Seite:
Mohnblumen, 2019

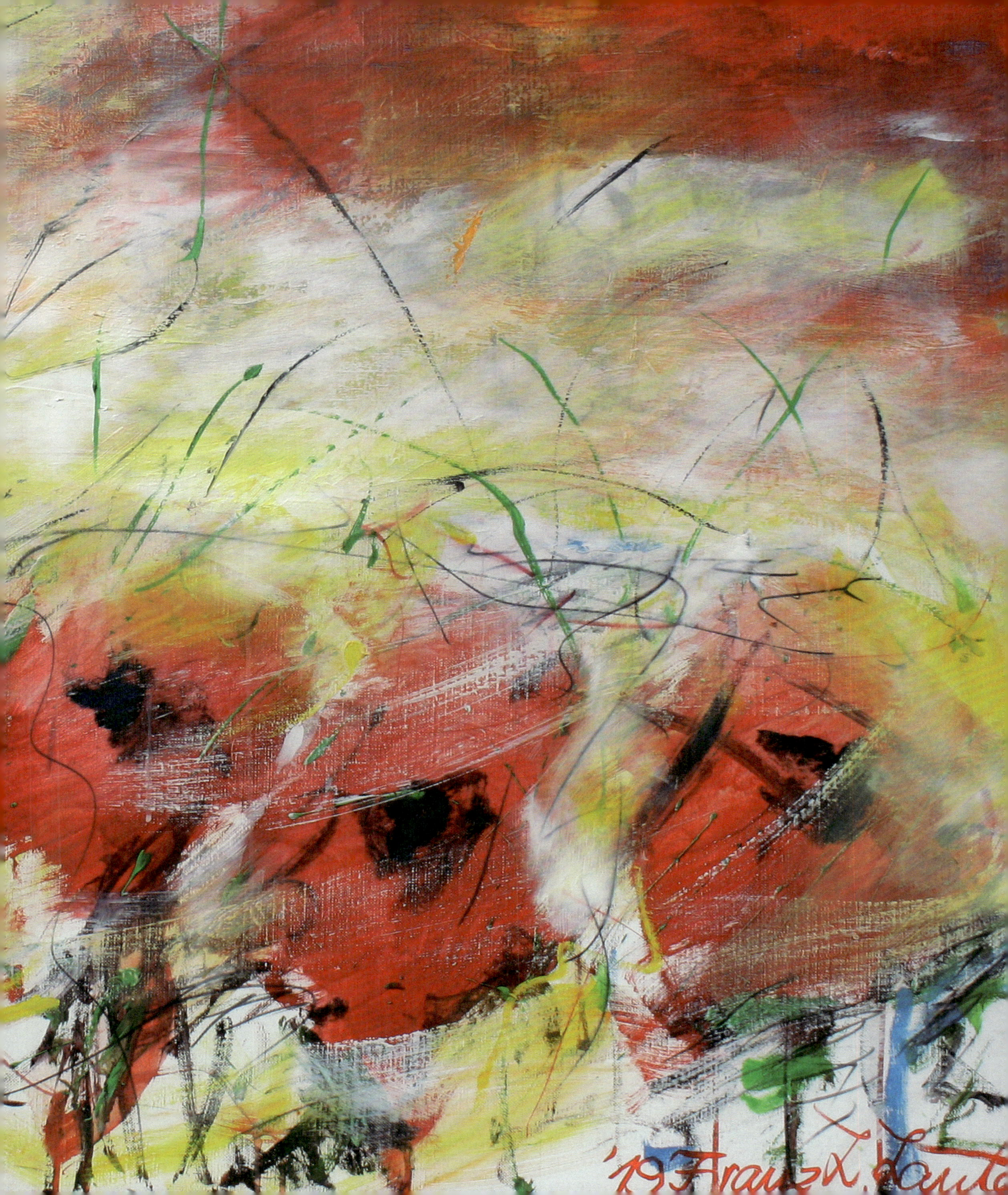

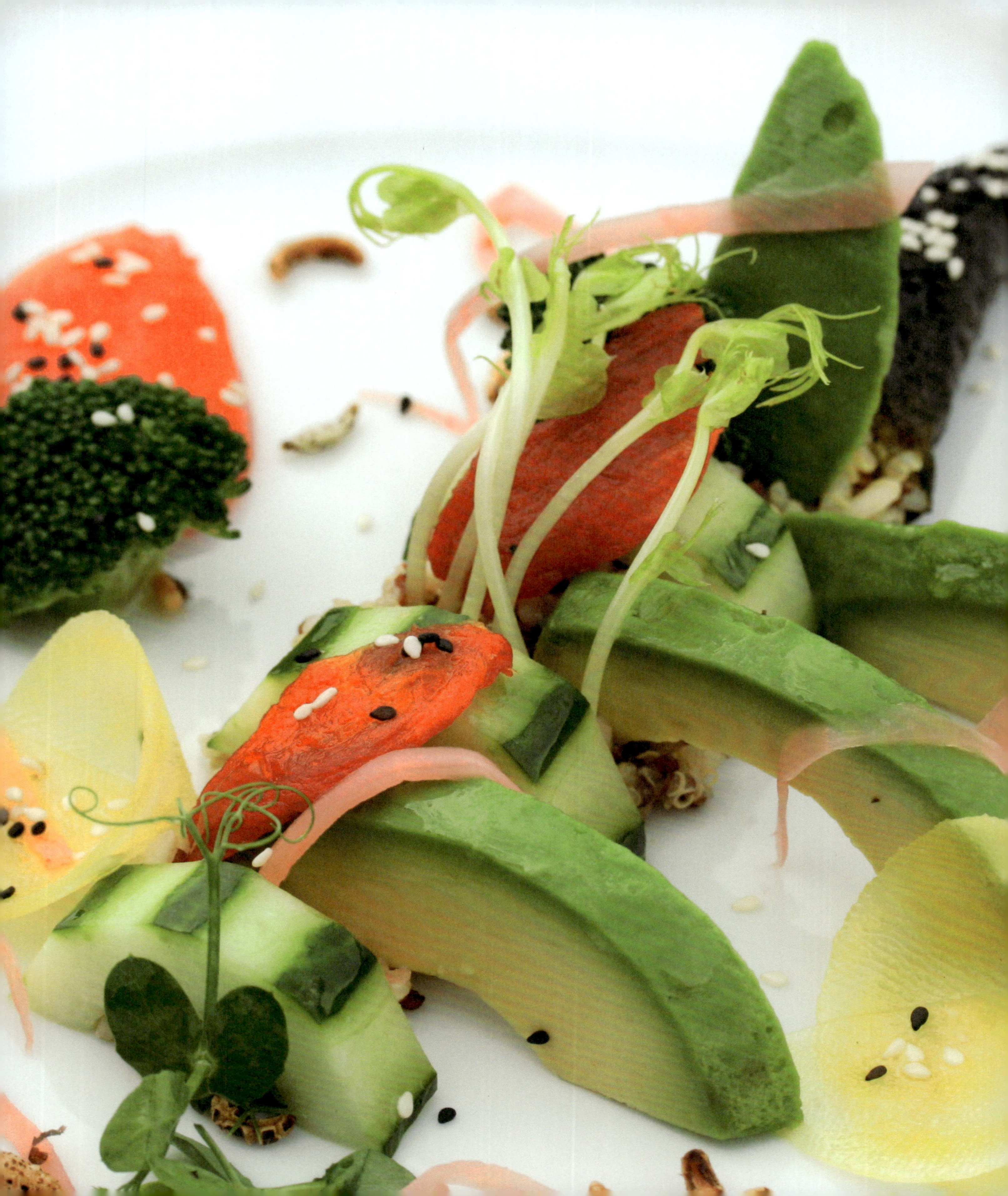

Veganer Sushi-Salat

Ein anderes Beispiel für den Vorgang der „Destruktion"

Zubereitung Marinade
Alle Zutaten gründlich zu einer Marinade vermischen.

Zubereitung Sushi-Salat
Den Naturreis gründlich waschen, kochen und abkühlen lassen, ebenso den Quinoa weich kochen, abkühlen lassen und mit dem Reis vermischen. Mit Salz, Pfeffer und der Marinade abschmecken.
Die Sesamkörner ohne Fett in heißer Pfanne anrösten. Den Broccoli auf kleine Röschen abtrennen und kurz abkochen.
Die Tomaten mit einem Kreuz einschneiden und blanchieren, Haut abziehen und die Körner mit einem Löffel herausnehmen, dann vierteln.
Die Avocado schälen, den Kern entfernen, mit Salz und Pfeffer abschmecken und in die Marinade legen (ca. 2 Minuten).
Die Salatgurke waschen, längs aufschneiden, mit einem Löffel die Kerne entfernen, in dünne Scheiben schneiden.
Den Sushi-Ingwer in schmale Streifen schneiden.
Gelbe Bete schälen, in dünne Streifen schneiden und in eine Extra-Marinade aus Limonensaft, Öl, Salz und Pfeffer legen.
Den Friséesalat kleinzupfen.
Die Algenmatte mit einer Schere in schmale Streifen schneiden.

Anrichten
Alle Zutaten auf Tellern arrangieren und mit den gerösteten Sesamkörnern bestreuen, die Streifen der Algenmatte oben auflegen.

Tipp: Zum Dekorieren eignet sich auch der 3-Sekunden-Reis.

Tipp: Schwarzer Pfeffer passt zu Fleisch, weißer Pfeffer dagegen gut zu Gemüse.

Asia-Marinade
2 EL Erdnuss-Butter
70 ml Erdnuss-Öl
300 ml Sonnenblumen-Öl
1 TL Wasabi-Paste
70 ml Himbeer-Essig
40 ml Soja-Sauce

Sushi-Salat
200 g Naturreis
je 50 g Quinoa *weiß und rot*
2 EL Sesamkörner, *schwarz und weiß*
1 Avocado
200 g Salatgurke
100 g Broccoli
50 g rosa Sushi-Ingwer
(= eingelegter rosa Ingwer ist sehr mild, im Asia-Laden zu kaufen)
2 frische Tomaten
1 Knolle Gelbe Bete
1 Handvoll Friséesalat
1 Algenmatte
etwas Limettensaft
etwas Öl
Salz, Pfeffer

Salat mit blauen Kartoffeln

1 Kopf Eisbergsalat
200 g blaue Kartoffeln
4 Schalotten *(mittlerer Größe)*
3 EL Schnittlauch
50 ml Aceto balsamico, *weiß*
50 ml Sonnenblumenöl
Salz, Pfeffer

Vorbereitung
Eisbergsalat von den äußeren Blättern befreien, halbieren, den Strunk herausschneiden, dann den Salat in Streifen schneiden.
Die Kartoffeln ungeschält in gesalzenem Wasser kochen und abkühlen lassen, danach pellen und in Würfel schneiden.
Schalotten schälen und ebenfalls würfeln.
Den Schnittlauch klein schneiden.

Zubereitung
Salatstreifen, Kartoffel- und Schalottenwürfel vermischen, mit Aceto balsamico und Sonnenblumenöl beträufeln und mit Salz und Pfeffer abschmecken.

Tipp: Der Salat schmeckt auch mit normalen Salzkartoffeln, optisch reizvoller ist er aber mit blauen Kartoffeln.

Serviervorschlag: Siehe Foto – Salat in einem Dessertring* anrichten!

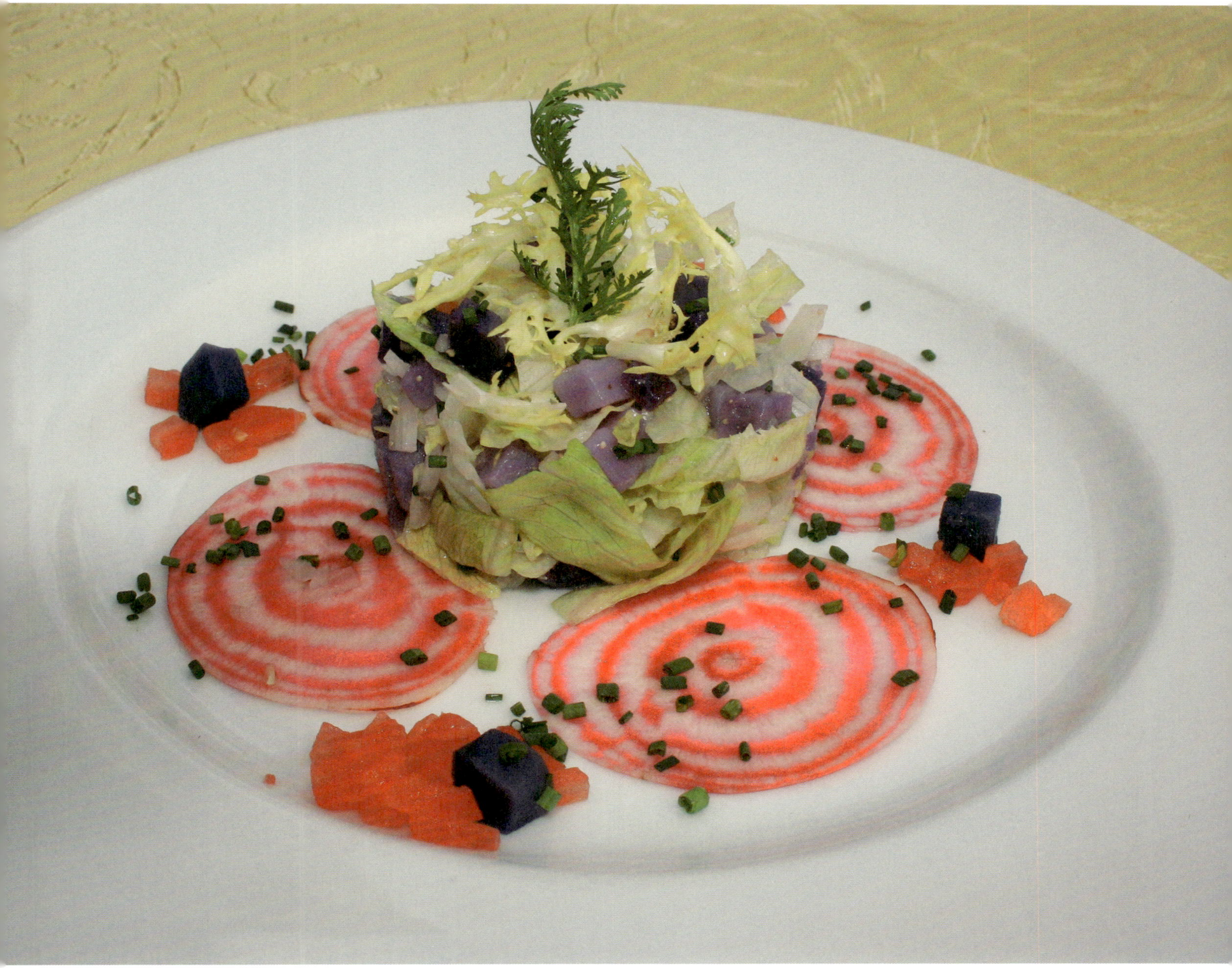

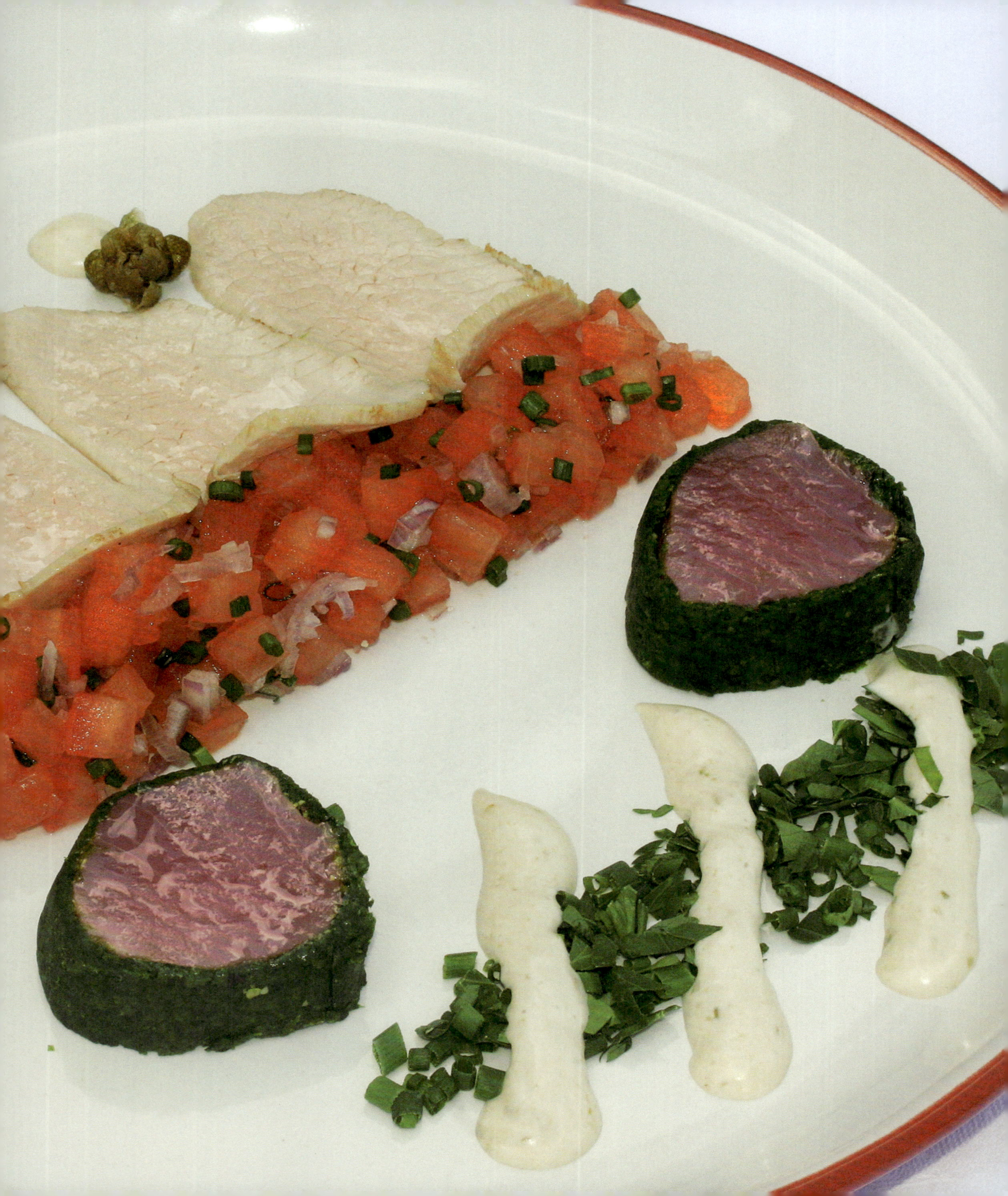

Vitello Tonnato mal anders

Zubereitung Thunfisch-Sauce
Schalotte sehr klein schneiden und 1 EL davon verwenden, den Knoblauch klein hacken, den Thunfisch abtropfen lassen, danach alle Zutaten kurz im Mixer pürieren.

Zubereitung Vitello Tonnato
Die Tomaten mit Kreuz einschneiden und blanchieren, Haut abziehen, Körner mit einem Löffel herausnehmen und in kleine Würfel schneiden, mit Salz, Pfeffer abschmecken.

Das Kalbsfilet kurz in der Pfanne anbraten, danach salzen und pfeffern und sodann im Ofen bei 150–160° C 20 Minuten garen, herausnehmen und abkühlen lassen. Mit einem scharfen Messer oder mit der Küchenmaschine in dünne Scheiben schneiden.

Den Thunfisch in 4 Streifen schneiden. Dannach kreisförmige Portionen mit dem typischen Sushi-Durchmesser von etwa 3 cm schneiden und mit der Thunfischsauce marinieren*.

Zubereitung der grünen Matte:
Die Petersilie und die anderen Kräuter waschen, abtrocknen, die Blätter abzupfen und klein hacken. Alle Zutaten vermischen, mit Salz und Pfeffer abschmecken und zu einer glatten Masse kneten.

Mit einem Nudelholz ausrollen und in passender Größe für den vorgeschnittenen Thunfisch zuschneiden.

Den Thunfisch auf die Kräutermatte legen und darin einwickeln, diese Päckchen mit Frischhaltefolie umwickeln, so stabilisiert mit einem scharfen Messer in 1–1,5 cm dicke Scheiben schneiden, die Folienstreifen entfernen und anrichten wie auf dem Foto.

Thunfisch-Sauce
1 Schalotte

1 Knoblauchzehe

100 ml Weißwein

1 TL Zitronensaft

1 TL Kapern

50 g Thunfisch aus der Dose
(Öl oder Lake, abtropfen lassen)

4 EL Mayonnaise

Salz, Pfeffer

Vitello Tonnato
4 mittelgroße Tomaten

etwas Öl

Salz, Pfeffer

200 g Kalbsfilet

300 g Thunfisch, roh
(Topp-Qualität, schockgefrostet)

Grüne Matte für den Thunfisch
130 g glatte Petersilie

je 1 EL frische Kräuter
(Basilikum, Estragon, Rosmarin, Thymian)

1 EL Knoblauch

1 EL Ingwer

1 Bio-Zitrone, Schale

8 EL Paniermehl
gibt der Matte Festigkeit

Salz, Pfeffer

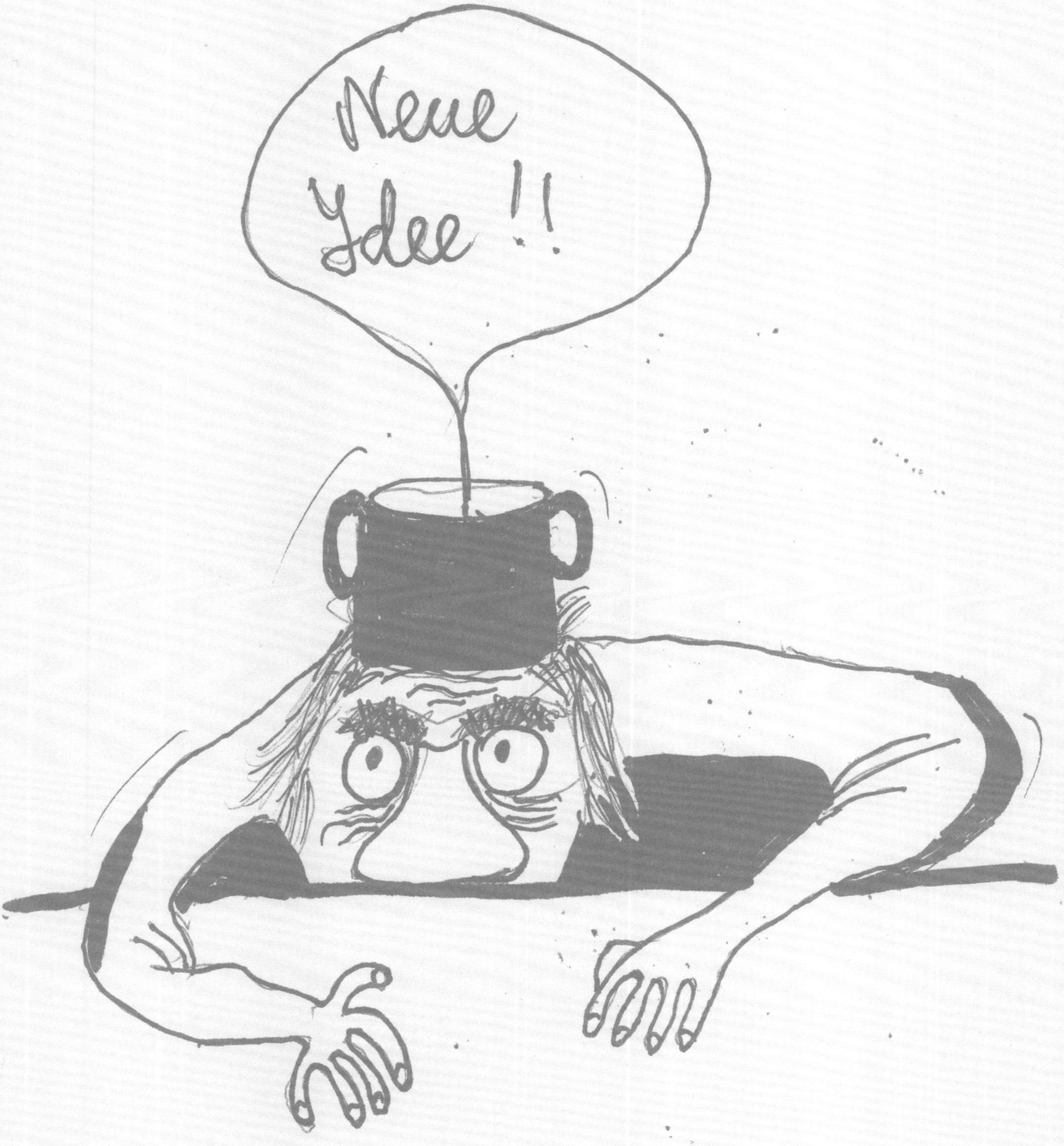
Neue Idee!!

SUPPEN

FONDS & BRÜHEN

Basis-Rezepte

Gemüsebrühe

1,5 l Wasser
4 Karotten
2 Zwiebeln
2 Stangen Porree
2 weiße Rüben
1 Staudensellerie
3 Kirschtomaten
Salz, weißer Pfeffer

Vorbereitung
Die Karotten schälen und grob würfeln. Zwiebeln schälen, nicht zu klein hacken. Ebenso Sellerie, Porree und weiße Rüben in große Stücke schneiden, die Kirschtomaten vierteln.

Zubereitung
Das Gemüse in einen großen Topf geben, Wasser und etwas Salz zufügen und alles zum Kochen bringen, mit einer Prise Pfeffer würzen.
Die Temperatur reduzieren und 20 Minuten leicht köcheln lassen, dann vom Herd nehmen und abkühlen lassen. Durch ein nicht zu feinmaschiges Sieb in eine Schüssel abgießen und das Gemüse mit einem Löffel durch das Sieb drücken.

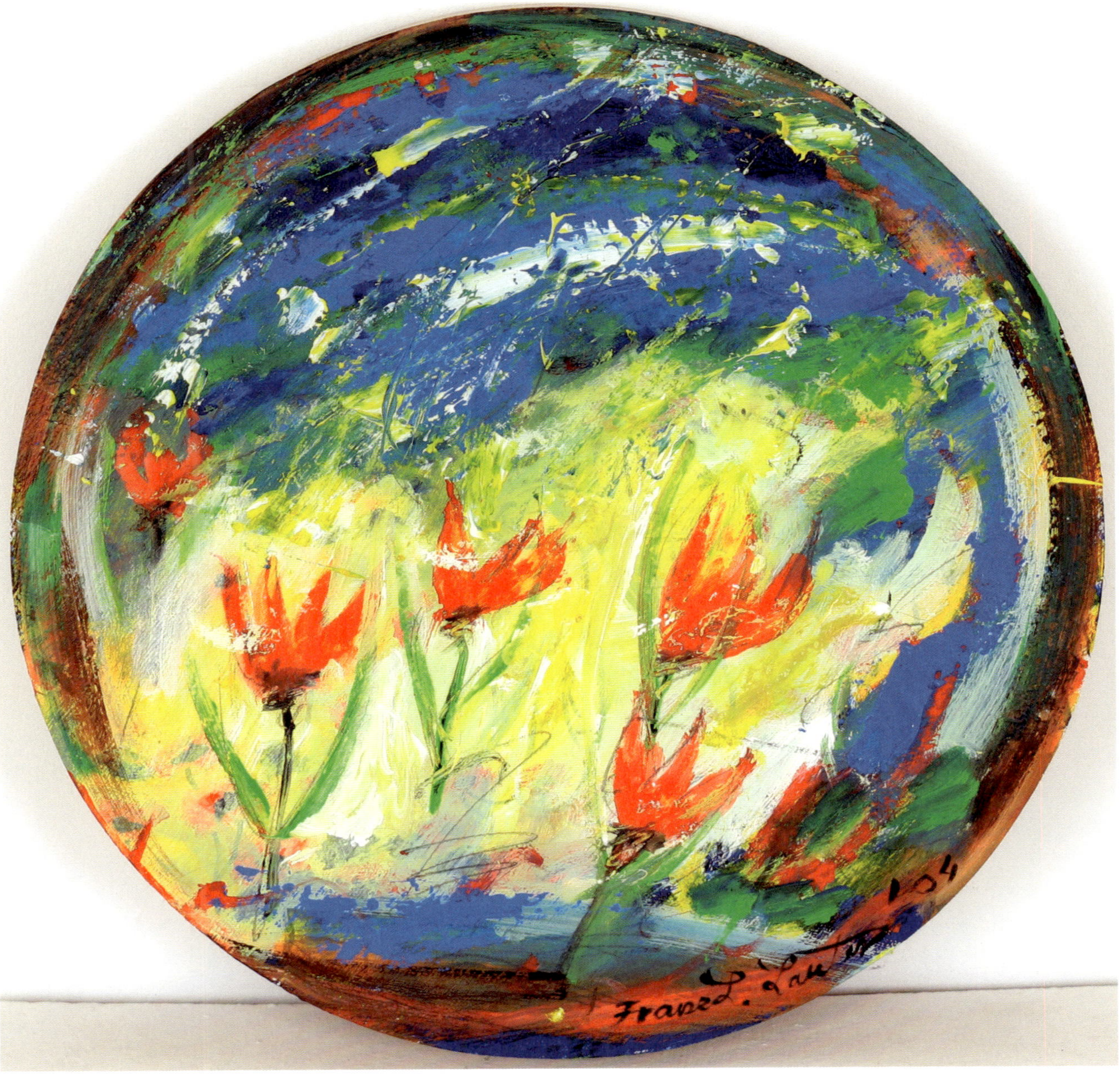

FONDS & BRÜHEN

Basis-Rezepte

Doppelte Kraft-Brühe

(ergibt 0,5 Liter)

400 g mageres Rindfleisch oder Geflügelfleisch

300 g Kalbfleisch

kaltes Wasser

1 Zwiebel

1 mittelgroße Karotte

½ Stange Porree

1 Staudensellerie

Salz

Vorbereitung
Das Fleisch grob würfeln, die Zwiebel klein hacken. Die Karotte schälen und in große Stücke schneiden, genauso Porree und Sellerie waschen und nicht zu klein schneiden.

Zubereitung
Das Fleisch in einem Topf mit kaltem Wasser bedecken und sehr langsam zum Kochen bringen, dabei den aufsteigenden Schaum von der Oberfläche abschöpfen.
Zwiebeln, Karottenstücke, Porree und Sellerie zufügen, nach Geschmack salzen.
Die Temperatur reduzieren und 3 ½ Stunden köcheln lassen, vom Herd nehmen, durch ein Sieb in eine Schüssel abgießen und abkühlen lassen, dann kühl stellen.
Für eine nicht so fette Brühe das erstarrte Fett von der Oberfläche abnehmen.

Tipp: Eine gute Brühe muss langsam kochen.

Tipp: Diese Kraft-Brühe ist sehr konzentriert und lässt sich gut durch Hinzufügen von Wasser strecken. Sie kann für Suppen, Saucen und Risottos verwendet werden.

FONDS & BRÜHEN
Basis-Rezepte

Konzentrierter Fischfond

Vorbereitung

Die Karotte schälen, grob hacken; auch den Sellerie und die Zwiebel grob hacken. Die Pfefferkörner im Mörser leicht zerdrücken.

Zubereitung

Öl oder Butter in einem großen Topf erhitzen, das Gemüse zufügen und bei niedriger Temperatur unter gelegentlichem Rühren 5 Minuten andünsten, dann Salz und die Pfefferkörner zugeben. Jetzt das kalte Wasser und die Fischteile zufügen und zum Kochen bringen, dabei den aufsteigenden Schaum von der Oberfläche schöpfen.

Die Temperatur reduzieren und 45 Minuten köcheln lassen, bis die Flüssigkeit auf die Hälfte reduziert ist, vom Herd nehmen und etwas abkühlen lassen, dann durch ein Sieb abgießen.

Tipp: Konzentrierter Fischfond wird verwendet, um das Aroma von Fischsaucen und -suppen oder pochiertem Fisch zu intensivieren.

- 1 l eiskaltes Wasser
- 2 EL Olivenöl oder 25 g Butter
- 1 Karotte
- 1 Staudensellerie
- 1 kleine Zwiebel
- 6 schwarze Pfefferkörner
- 1 kg weißer Fisch mit Gräten und Köpfen *(ohne Kiemen)*
- Salz

Klare Tomatensuppe

Klarer Tomatensaft

1 kg frische Tomaten

1 TL Zucker

1 TL Salz

Tomatensuppe

150 ml klarer Tomatensaft

100 ml Gemüsebrühe
(Rezept Seite 78)

Salz, weißer Pfeffer

Vorbereitung Klarer Tomatensaft – am Vortag herstellen!

Zubereitung Saft

Alle Zutaten vermischen und im Mixer pürieren. Ein Sieb auf einen Topf mittlerer Größe legen, mit feinem Leinentuch auslegen und die pürierte Masse hineingeben. Das Leinentuch zusammenfassen und mit einem Bindfaden zubinden. Das Sieb entfernen und das entstandene Tomaten-Säckchen über dem Topf aufhängen und über Nacht abtropfen lassen (dieses Verfahren hat die höchste Ergiebigkeit).

Zubereitung Suppe

Den so gewonnenen klaren Tomatensaft mit der selbst hergestellten Gemüsebrühe (s. S. 78) vermischen, mit Salz und Pfeffer abschmecken und wie gewünscht servieren.

Tipp: An heißen Tagen kalt, an kalten Tagen warm servieren.

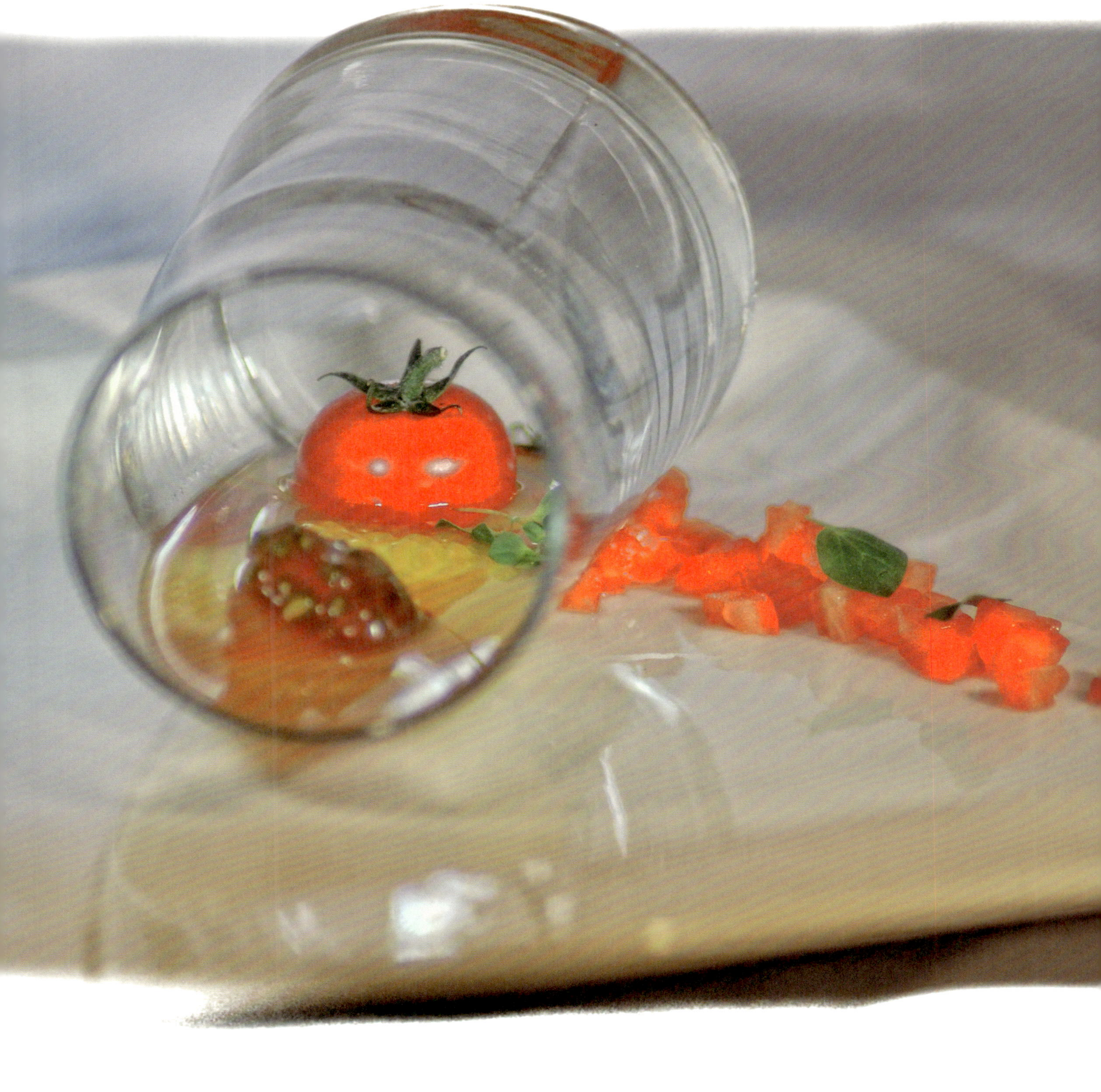

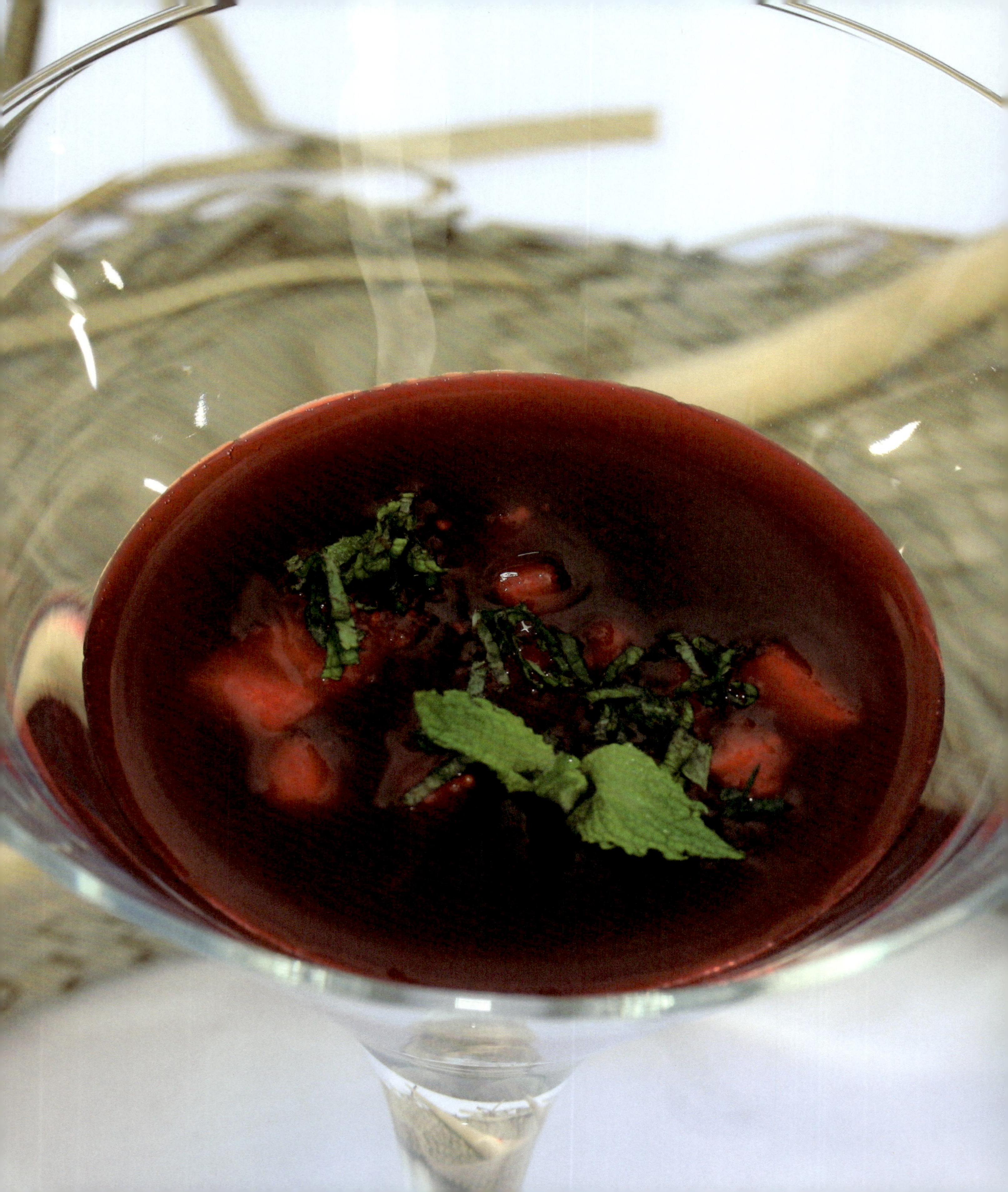

Erdbeer-Rote Bete-Kaltschale (Dracula)

Alle Zutaten im Mixer etwa 2 Minuten pürieren, die Minze in kleine Streifen schneiden. Das Püree in Gläsern verteilen und mit den Minze-Streifen garnieren.

Tipp: Einige Erdbeeren, in dünne Scheiben geschnitten, mit in die Suppe geben.

100 g gekochte Rote Bete*
400 g frische Erdbeeren
500 ml Rote Bete-Saft *(Bio)*
80 ml Himbeer-Püree *(TK oder frische Himbeeren pürieren)*
70 ml Erdbeer-Likör *(15 %)*
80 ml Prosecco
1 EL Ingwer, *gerieben*
1 TL Salz
10 Blätter frische Minze

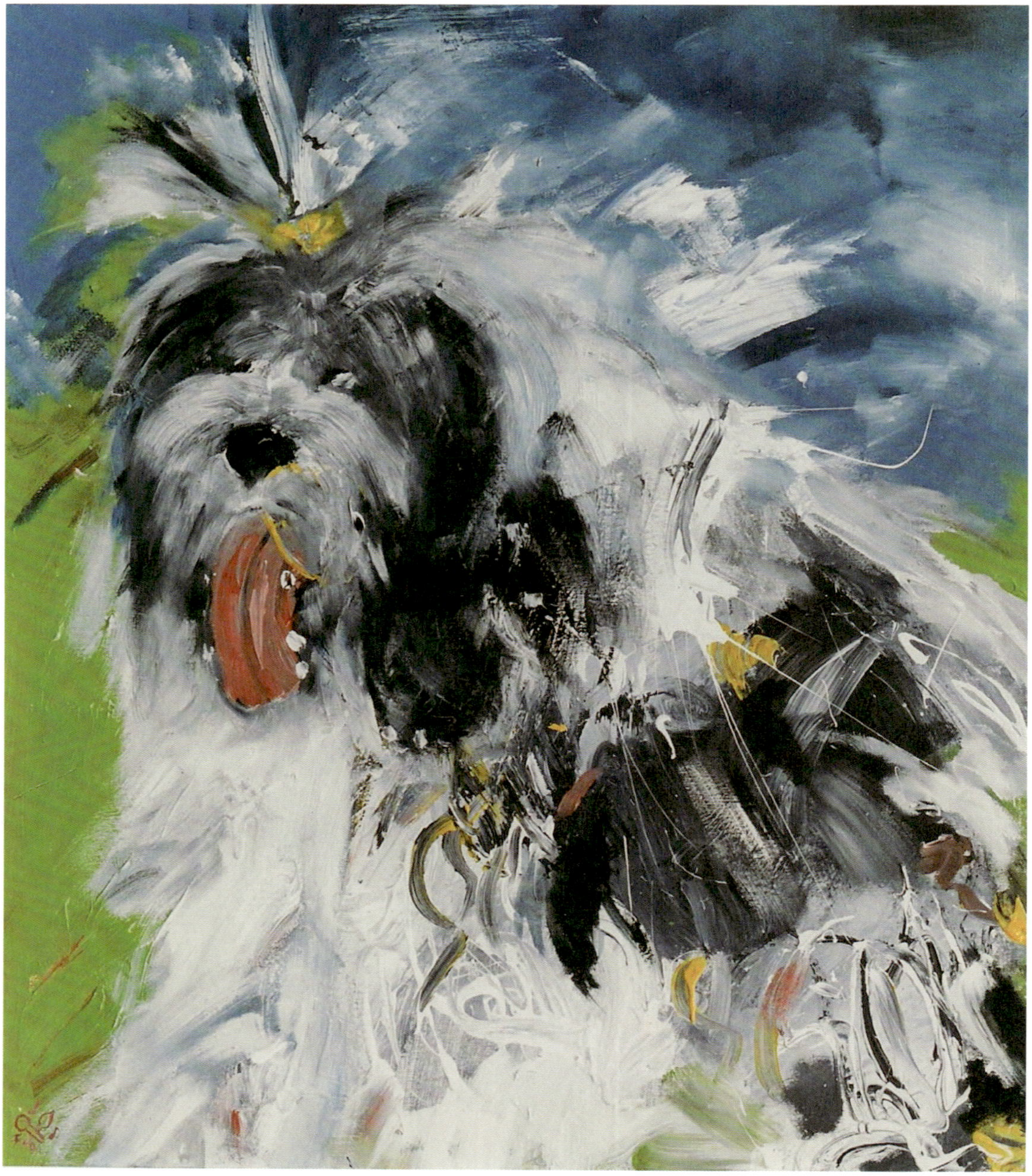

Oben:
Rambo, 1998

Linke Seite:
Bobbi, 1989

Gemüse-Chaos-Suppe

1 rote Paprika
1 gelbe Paprika
1 grüne Paprika
1 große Gemüsezwiebel
3 mittelgroße Karotten
4 Tomaten
100 g Staudensellerie
½ Blumenkohl
300 g Spitzkohl
2 Knoblauchzehen
5 EL Öl
1 frische Chilischote, *halbiert*
2 Thymianstiele
3 Salbeiblätter
2 Stiele Basilikum
Salz, Pfeffer

Vorbereitung

Die Paprikaschoten halbieren, Körner und Strunk entfernen und in kleine Würfel schneiden. Die Gemüsezwiebel und die Karotten schälen und auch in kleine Würfel schneiden.

In die Tomate gegenüber dem Stielansatz ein Kreuz schneiden und sie dann blanchieren, die Haut abziehen, Körner mit einem Löffel herausnehmen und klein schneiden, ebenso den Staudensellerie.

Den Blumenkohl abwaschen und in kleine Röschen auftrennen. Spitzkohl von den äußeren Blättern befreien, halbieren, den Strunk herausschneiden, dann den Kohl in Streifen schneiden. Knoblauch fein hacken.

Die Chilischote halbieren und mit Thymian und Salbei zu einem Kräuterbündchen knüpfen und an einen langen Faden binden – er sollte etwas länger als die Topfhöhe sein.

Zubereitung

Einen 3-Liter-(oder größeren)-Topf mit dem Gemüse füllen und auf mittlerer Stufe im Öl unter Rühren mit einem Holzlöffel anschwenken, dabei darauf achten, dass das Gemüse nicht anbrennt. Nach 10 Minuten mit kaltem Wasser auffüllen bis der Wasserspiegel 3 cm über dem Gemüse ist; jetzt insgesamt 30 Minuten köcheln lassen, keinesfalls stark kochen. Nach 20 Minuten das Kräuterbündchen noch für 10 Minuten am Faden in die Suppe hängen. Am Ende der Kochzeit die Kräuter wieder herausnehmen und mit Salz und Pfeffer abschmecken. Die Suppe auf Teller verteilen und mit dem frischen Basilikum dekorieren.

Tipp: Um die Aromen in Suppen zu intensivieren, sollte man beim Auffüllen mit Wasser noch 2 Handvoll Eiswürfel dazugeben.

Tipp: Auf keinen Fall vor dem Kochen salzen, denn sonst werden die Karotten hart.

Ich empfehle Ihnen folgende Variationen, wenn Sie das Gericht für eine Woche vorkochen und trotzdem Ihre Familie mit Abwechslung beglücken möchten: Zugabe von Rote Bete-Saft, Tomatenpüree oder Kräuterpesto. Mit jeder Zutat verändert sich der Geschmack der Suppe.

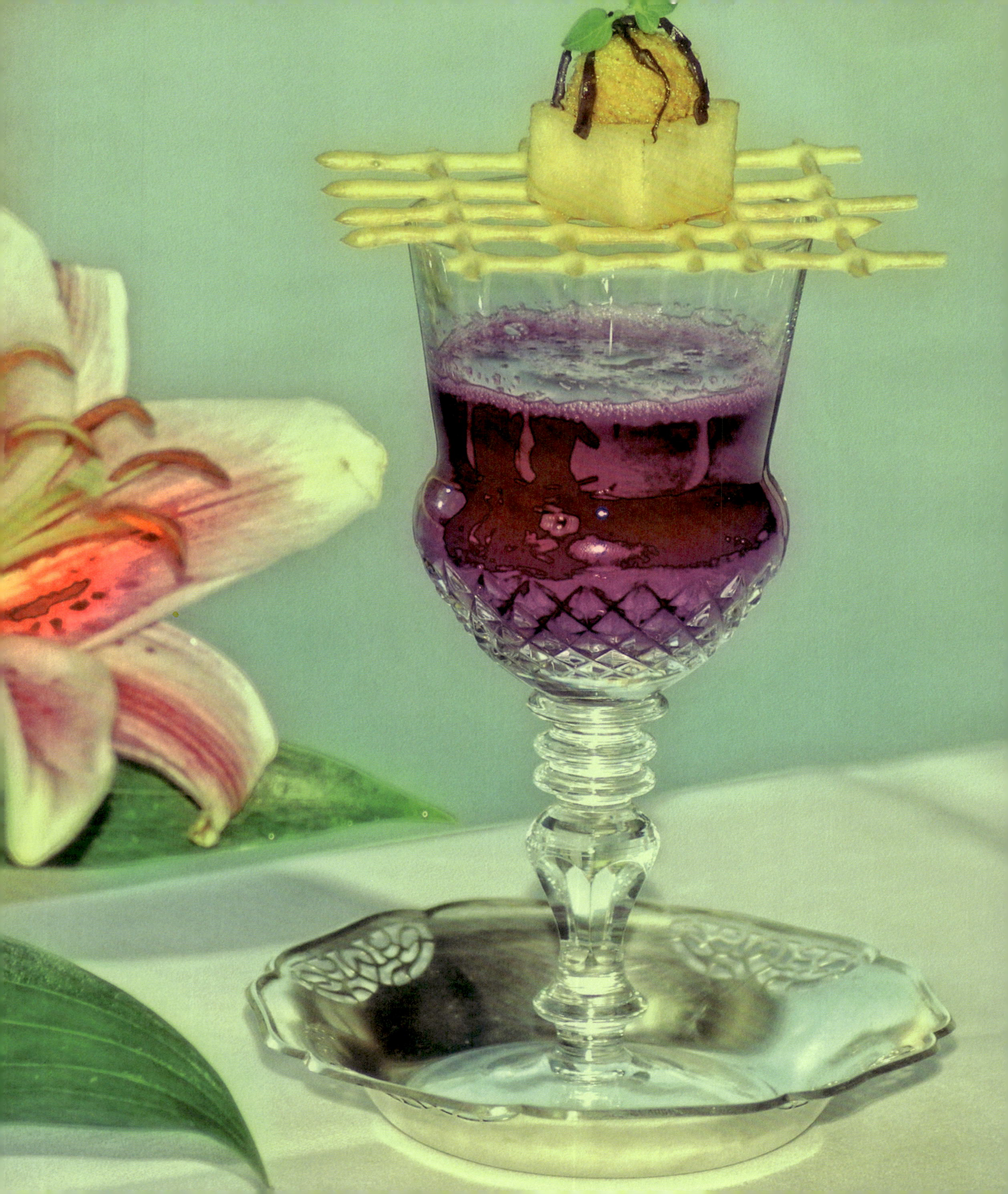

Rotkohl-Suppe

Vorbereitung

Rotkohl von den äußeren Blättern befreien, halbieren und den Strunk herausschneiden, klein schneiden. Die Zwiebeln schälen und ebenfalls klein schneiden.

Zubereitung

Rotkohl und Zwiebeln in heißem Öl anschwitzen und mit dem Rotwein ablöschen. Die Zutaten von Preiselbeeren bis Himbeeressig zur Rotkohl-Rotwein-Mischung zugeben, mit der Gemüsebrühe auffüllen und die Flüssigkeitsmenge etwas einkochen lassen. Sahne dazugeben und aufkochen lassen. Mit Salz und Pfeffer abschmecken. Die Suppe pürieren und durch ein Sieb passieren. Die Suppe phantasievoll anrichten und servieren.

400 g Rotkohl

200 g Zwiebeln

100 ml Öl

150 ml Rotwein

50 g Preiselbeeren aus dem Glas

100 g Apfelmus

1 Nelke

1 Pimentkorn

3 Pfefferkörner, schwarz

3 Lorbeerblätter

1 Schuss Himbeeressig

500 ml Gemüsebrühe *(s. Rezept S. 78)*

100 ml Sahne

Salz, Pfeffer

SUPPEN

Zwiebel-Pflaumen-Suppe

100 g getrocknete Pflaumen *(ohne Kern)*

200 ml Pflaumenwein

200 g Gemüsezwiebel

etwas Rapsöl

600 ml Gemüsebrühe *(s. Rezept S. 78)*

Salz, Pfeffer

½ Bio-Zitrone

Am Vortag vorbereiten!
Pflaumen im Pflaumenwein über Nacht einweichen

Vorbereitung
Die Gemüsezwiebel klein schneiden und die Pflaumen pürieren.

Zubereitung
Zwiebel in etwas Rapsöl in der Pfanne auf mittlerer Stufe glasig dünsten und mit etwas Pflaumenwein ablöschen. Mit der Gemüsebrühe auffüllen. Die Suppe 20 Minuten kochen lassen. Die pürierten Pflaumen in die Suppe geben und mit Salz und Pfeffer abschmecken.
Die ½ Bio-Zitrone am Stück in die Suppe geben. Alles zusammen köcheln lassen, bis die Zwiebeln binden.
Anschließend durch ein Sieb passieren, dabei darauf achten, dass die Zwiebeln komplett durch das Sieb gedrückt werden.

Die Suppe heiß servieren.

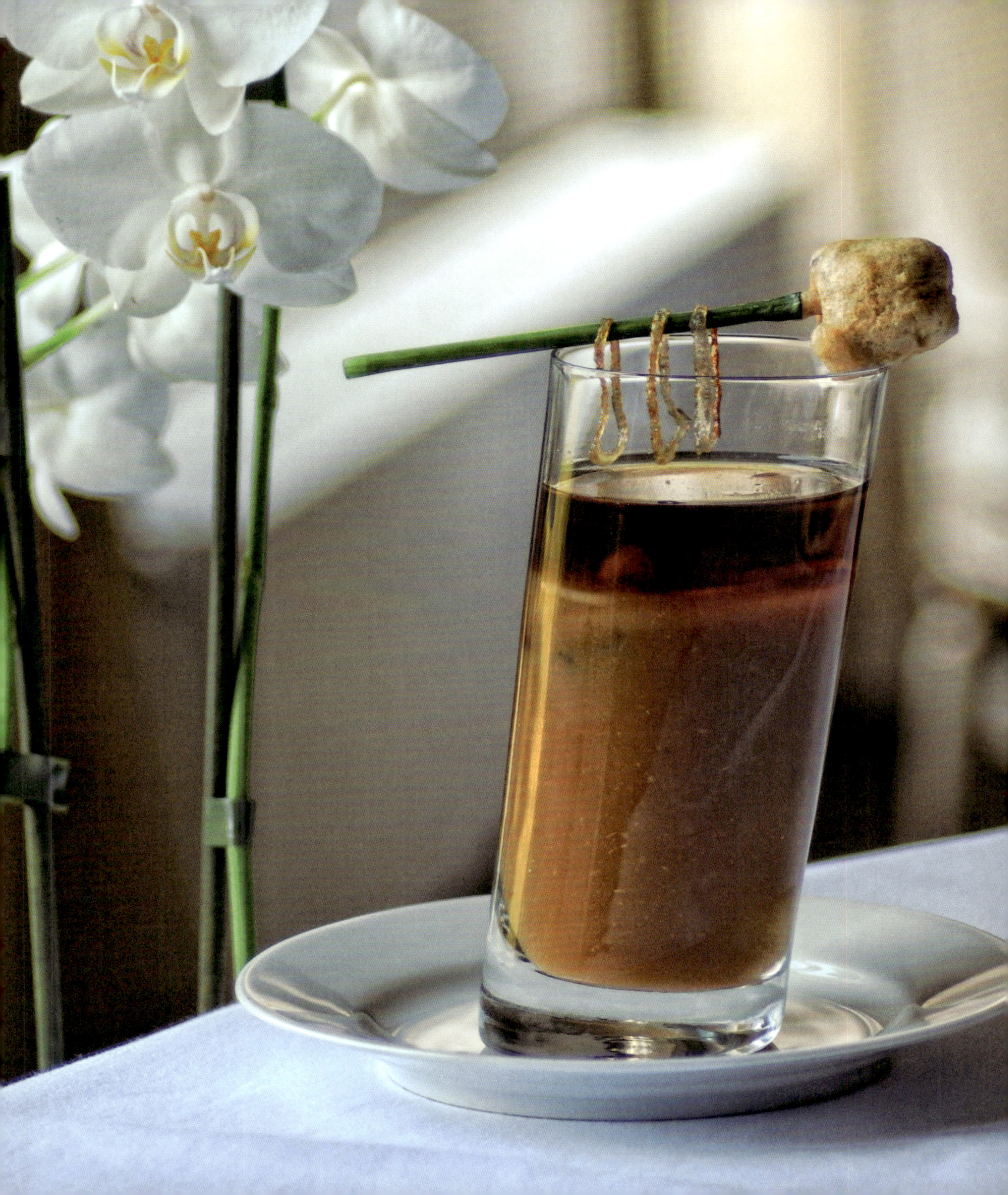

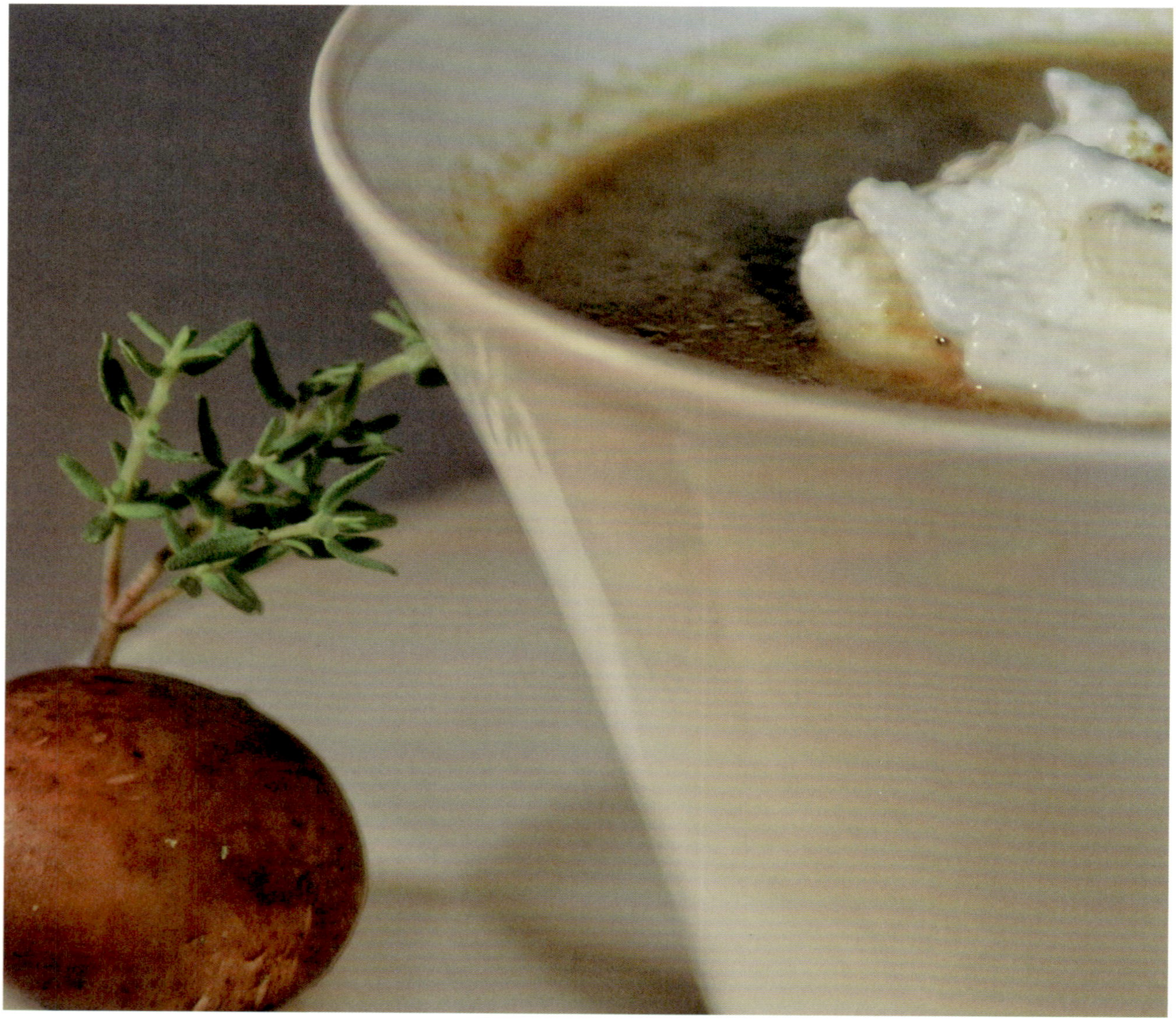

Latte Macchiato von Waldpilzen mit Kartoffelschaum

Zubereitung Schaum

Die Kartoffeln schälen und weich kochen, das Kartoffelwasser aufbewahren, die gekochten Kartoffeln pürieren und das Kartoffelwasser einrühren. Mit dem Olivenöl, der Sahne und etwas Trüffelöl vermischen und mit Salz und 1–2 Tropfen Tabasco abschmecken.

Die Masse in einen betriebsbereiten Sahne-Siphon* füllen und in den Kühlschrank stellen.

Zubereitung Pilzsuppe

Pilze gut säubern und grob schneiden, die Schalotten schälen und klein schneiden.

Die Pilze in einer heißen Pfanne mit etwas Öl scharf anbraten, dann die Schalotten mitdünsten. Mit Gemüse- oder Fleischbrühe und der Sahne auffüllen, das Ganze 30 Minuten köcheln lassen.

Die Suppe pürieren und durch ein Sieb passieren, mit Salz und Pfeffer abschmecken.

Abschließend die Suppe in Latte Macchiato-Gläser füllen und mit dem Kartoffel-Espuma garnieren.

Kartoffelschaum (Espuma)

400 g Kartoffeln, *weich kochend*
200 ml Kartoffelwasser
50 ml Olivenöl
100 ml Sahne
etwas Trüffelöl
etwas Tabasco
Salz

Pilzsuppe

500 g Waldpilze
4 Schalotten
500 ml Gemüse- oder Fleischbrühe *(siehe Rezept S. 78, 80)*
200 ml Sahne
etwas Öl
Salz, Pfeffer

Bärlauch-Creme-Suppe

200 g Bärlauch

100 g Petersilienwurzel

60 g Butter

4 Schalotten

2 Kartoffeln

400 ml Gemüse- oder Geflügelfond
(siehe Rezept S. 78)

2–3 Dillzweige

1 Prise Natron*

Salz, Pfeffer

Vorbereitung

Bärlauch und Petersilienwurzel putzen, waschen und grob zerkleinern. Die Schalotten fein hacken, die Kartoffeln roh klein schneiden.

Zubereitung

Den Bärlauch und die Petersilienwurzel mit 2 EL Butter und der Prise Natron im Mixer pürieren, die Masse durch ein Sieb streichen und zur Seite stellen.

Die Schalotten in der restlichen Butter anschwitzen, die Kartoffeln dazugeben und mit Gemüse- oder Geflügelfond auffüllen und ca. 15 Minuten köcheln lassen.

Die Bärlauch-Petersilienmasse in die Suppe geben und mit einem Pürierstab verrühren. Mit Salz und Pfeffer abschmecken und mit den Dillzweigen dekorieren.

*Tipp: Die Prise Natron in der Masse sorgt dafür, dass die grüne Farbe der Suppe erhalten bleibt und sie nicht braun wird.
Werden Gerichte mit Alkohol* abgelöscht, hilft Natron, die Aromen besser zu binden.*

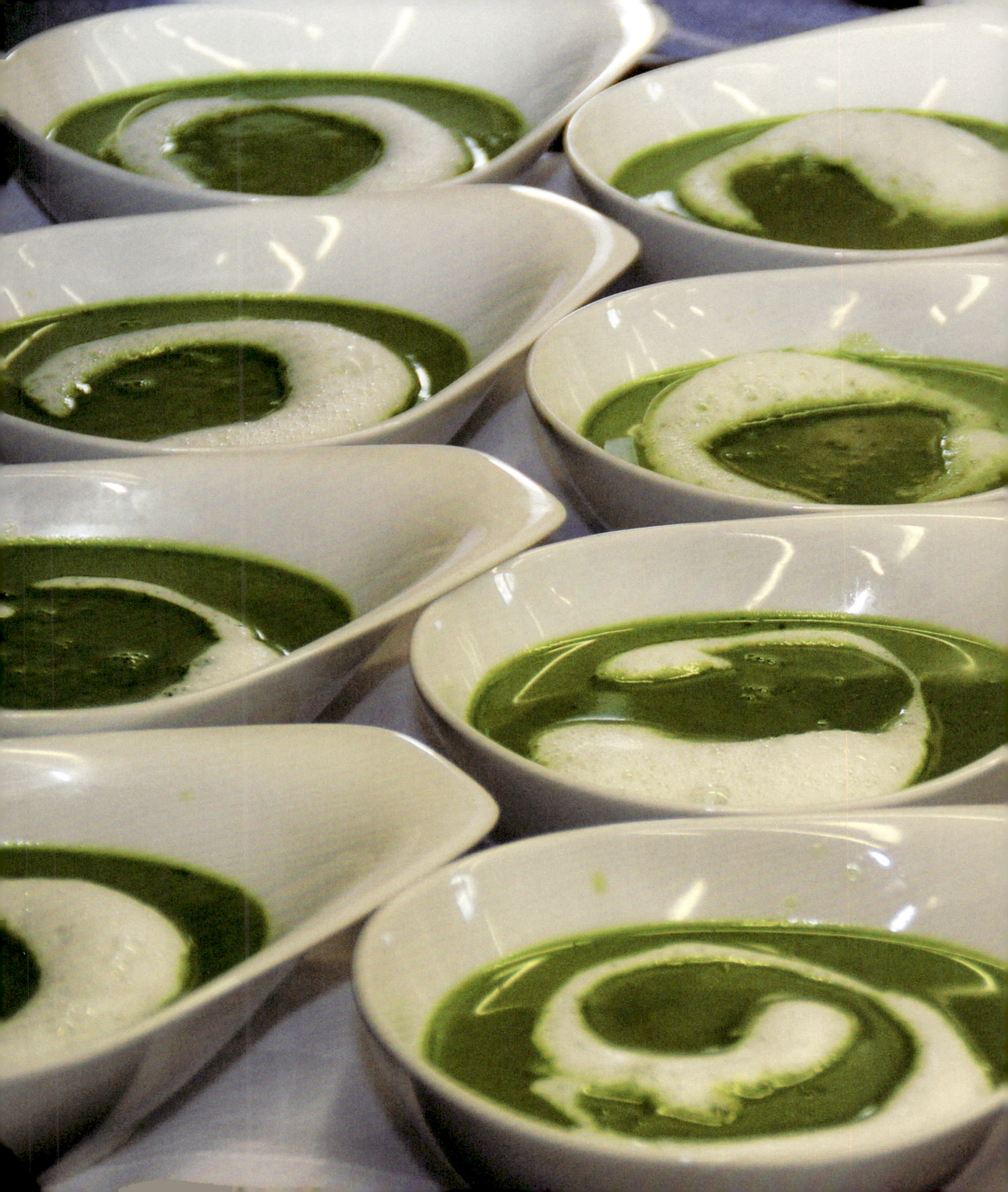

... immer Anders

HAUPTGERICHTE

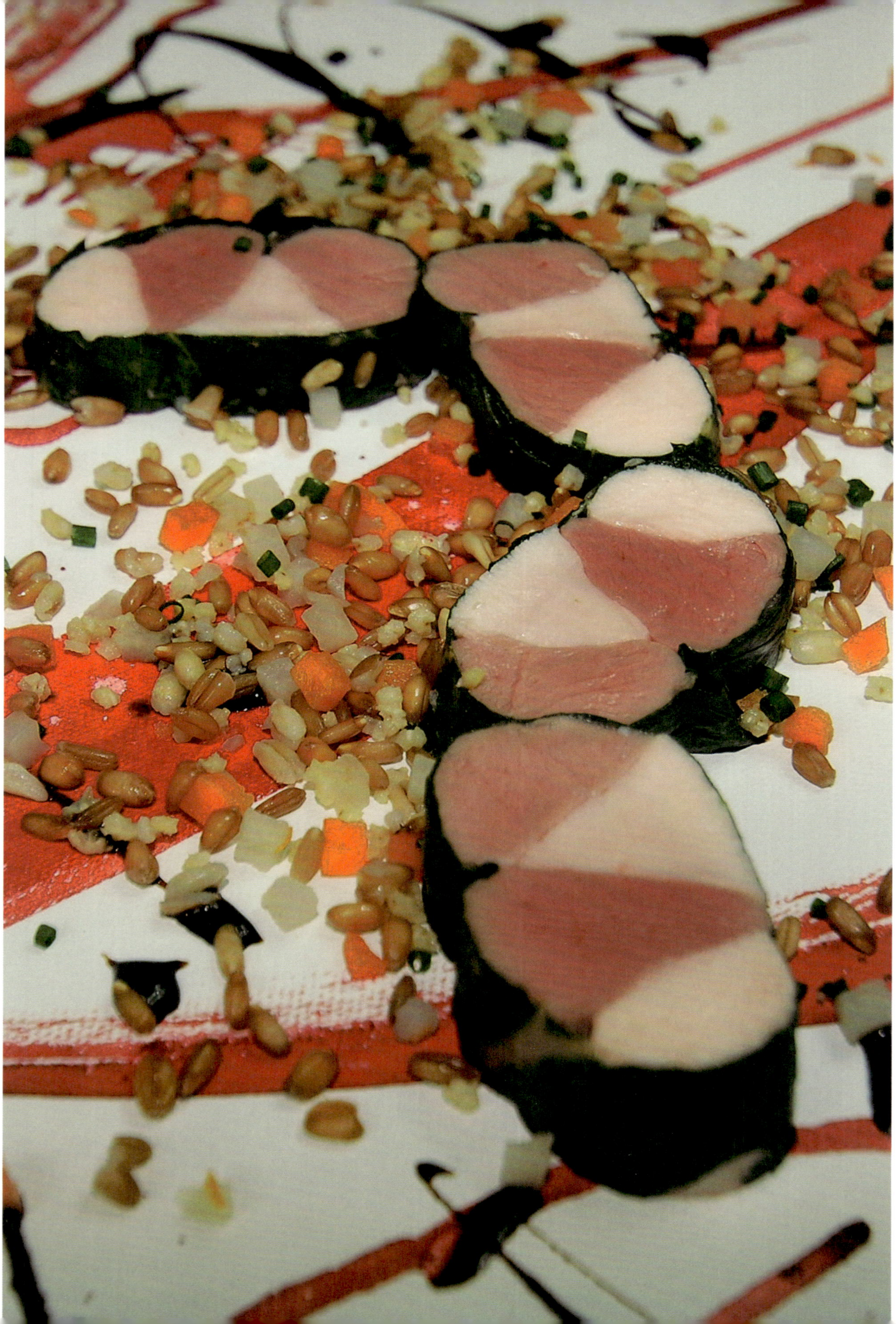

Lamm-Kaninchen-Domino

Vorbereitung

Alufolie auf der glänzenden Seite einbuttern. Das Lamm- und Kaninchenfleisch von der Haut befreien. Die Mangoldblätter blanchieren, aus dem Topf herausnehmen und auf etwas Küchenpapier zum Abtrocknen legen.
Den Rote Bete-Saft in einen Topf geben und bei mittlerer Hitze reduzieren, bis die Konsistenz halbflüssig ist. Dann den Balsamico-Essig dazugeben und weiter köcheln lassen, bis die Konsistenz von dickflüssiger Farbe erreicht ist. Dann an die Seite stellen.

Zubereitung

Das Fleisch in einer heißen Pfanne mit etwas Öl kurz anbraten, mit Salz und Pfeffer würzen, auf die Mangoldblätter legen und damit umwickeln wie eine Roulade (siehe Foto).

Die Mangold-Fleisch-Rouladen auf die gebutterte Alufolie legen und im vorgeheizten Heißluftofen bei 180° C etwa 12–14 Minuten garen lassen. Dann die fertigen Fleischrouladen aus dem Ofen nehmen und in 2 cm dicke Scheiben schneiden.

Auf bereitgestellte Teller mit der verdickten Rote Bete-Aceto Balsamico-Mischung ein paar Pinselstriche ziehen, die Fleischscheiben wie Dominosteine auf den Teller legen.
Falls noch Flüssigkeit übrig ist, diese auf das Fleisch träufeln.

Zu dem Gericht passen: Kartoffeln, Kartoffelklößchen oder Reis.

---

50 ml Rote Bete-Saft
50 ml weißen Balsamico-Essig
400 g Lammrücken
4 Filets vom Kaninchen
4 große Mangoldblätter
etwas Butter
etwas Öl
Salz, Pfeffer

Kalbsrücken mit 3 Gemüsesaucen

Fleisch

800 g Kalbsrücken
etwas Öl
Salz, Pfeffer

Kalbfleisch in vier Stücke portionieren, in einer heißen Pfanne in Öl von allen Seiten anbraten und mit Salz und Pfeffer abschmecken. Im vorgewärmten Ofen bei 180° C etwa 15 Minuten garen. So bekommen Sie einen rosa gebratenen Kalbsrücken!

Mit den Gemüsesaucen (s. rechts) anrichten wie auf dem Foto.

Die Paprikaschoten waschen, Körner und Strunk entfernen und klein schneiden. Knoblauch und Zwiebeln schälen und ebenfalls klein schneiden.

Für die grüne Sauce den Spinat klein hacken.

Die Zubereitung der drei Saucen erfolgt nach dem gleichen Prinzip: Alles im Olivenöl bei kleiner Hitze dünsten bis die Paprika weich ist. Mit den jeweiligen Gewürzen abschmecken und alles zusammen im Mixer pürieren, dann durch ein Sieb streichen.

Tipp: Die Gemüsesaucen kann man im Kühlschrank aufbewahren und für diverse Gerichte zur geschmacklichen und optischen Bereicherung einsetzen.

Tipp: Übrigens macht man die „blauen Trennstreifen" aus Püree von blauen Kartoffeln, das dann mit einem Spritzbeutel beliebig aufgebracht wird.

Gemüsesaucen:

Rote Gemüsesauce

150 g rote Paprika

75 g Zwiebeln

1–2 Knoblauchzehen

25 ml Olivenöl

zum Abschmecken:

Kreuzkümmel, Salz, weißer Balsamico-Essig, Rotes Paprika-Pulver, Cayenne-Pfeffer

Grüne Gemüsesauce

100 g Spinat

100 g grüne Paprika

100 g Zwiebeln

2 Knoblauchzehen

25 ml Olivenöl

1 TL Natron*

zum Abschmecken:

Salz, Essig

Gelbe Gemüsesauce

150 g gelbe Paprika

75 g Zwiebel

2 Knoblauchzehen

25 ml Olivenöl

zum Abschmecken:

Kreuzkümmel, Salz, Kurkuma

Entenbrust mit Orangenhonig-Sauce und Pastinaken-Chips

4 Entenbrüste
100 ml Orangensaft
50 g Honig
25 ml dunkle Soja-Sauce
2 Pastinaken
etwas Öl
Salz, Pfeffer

Vorbereitung
Orangensaft, Honig und Soja-Sauce in einen kleinen Topf geben und auf mittlerer Stufe köcheln lassen bis die Konsistenz sirupartig ist, dann mit Salz und Pfeffer abschmecken.
Für die Dekoration die Pastinaken säubern, in sehr dünne Scheiben schneiden und in einem Topf mit etwas Öl ausbacken. Wenn sie eine schöne goldene Farbe angenommen haben, herausnehmen und auf Küchenpapier abtrocknen lassen. Die Entenbrüste säubern.

Zubereitung
Fleisch kurz in einer heißen Pfanne anbraten, herausnehmen und mit einem Messer auf der Hautseite rautenförmig einschneiden, dann das Fleisch weiter auf der Hautseite anbraten, bis es Farbe bekommen hat. Im vorgeheizten Ofen bei 150° C etwa 15 Minuten weiter garen.

Schließlich alles wie auf dem Foto anrichten. Hier ist die Entenbrust mit Klößchen angerichtet. Für 4 Portionen benötigen Sie ca. 20 Stück (s. Rezept S. 130).

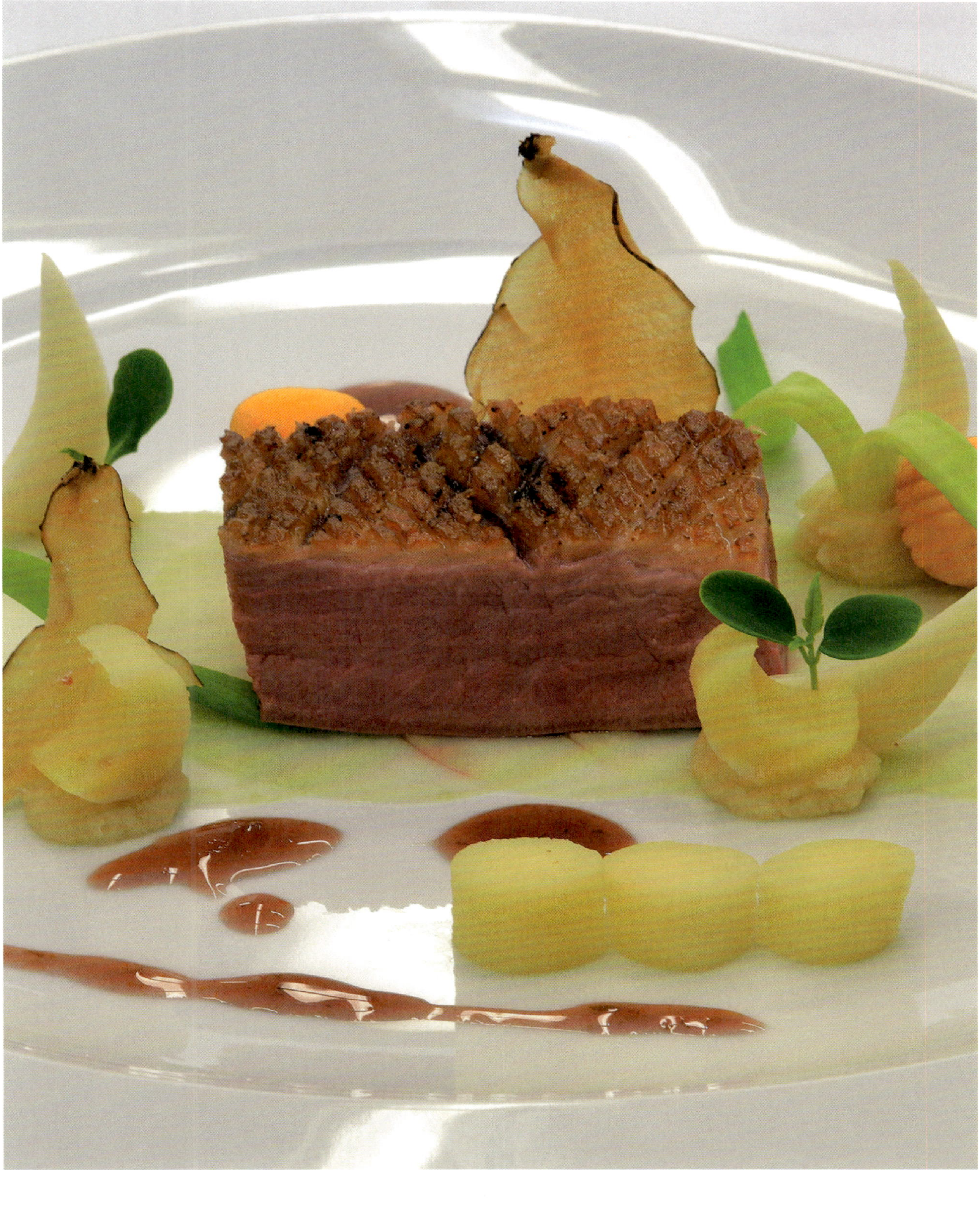

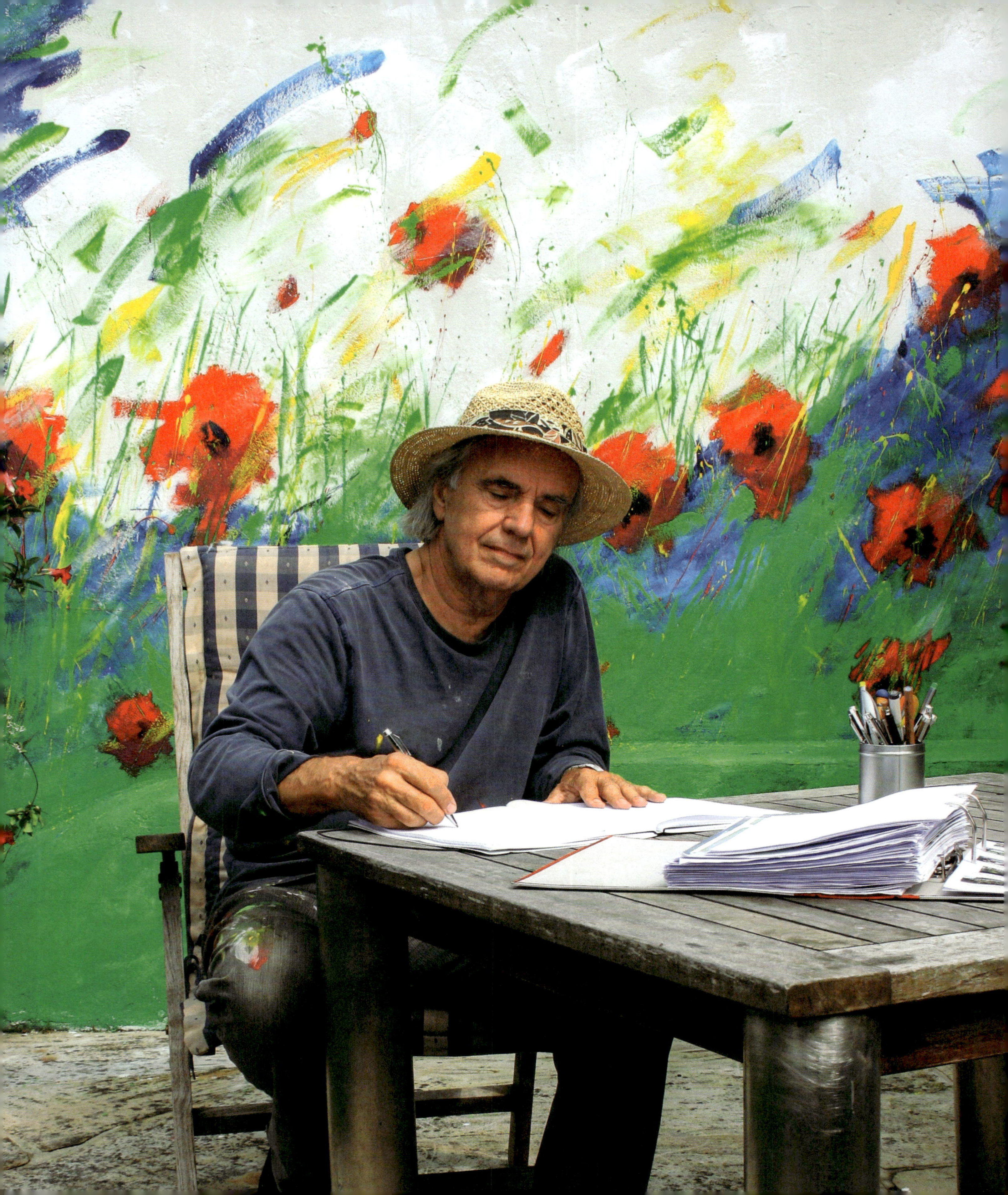

DIPLOMATISCHE GÄNSE

Das polnische Konsulat in Köln hatte mich für einen Auftritt gebucht. Sparsame Konsulatsmitarbeiter bestellten bei uns ein Menü für 80 Personen; es kamen aber tatsächlich über 200. Improvisation ist das halbe Leben. Das geplante Menü wurde um blitzschnelle Pfannkuchen erweitert und alles, was in unseren Kühlräumen koch- und brat-technisch zu verarbeiten war, wurde an diesem Abend verbraucht. Die Gäste haben unsere improvisierten Gerichte sehr genossen. Der Abend war so erfolgreich, dass ich in der Folgezeit noch einige Male zum Kochen nach Köln ins Konsulat eingeladen wurde.

Das traditionelle Bankett mit Gänseessen war der Zenit dieser Kochevents. Etwa 100 Personen waren angemeldet worden. Nach unseren Erfahrungen mit der polnischen Sparsamkeit hatte ich die Gänse sicherheritshalber schon vier Wochen vor der Veranstaltung von Züchtern und Sponsoren aus Polen liefern lassen. Wir setzten unsere ganze Erfahrung, unser Wissen und unsere Tricks ein – ich weiß nicht, wie viele tausende Flugstunden diese Gänse hinter sich hatten –, die Viecher waren so zäh, dass wir sie nur noch zu Wurst, Pasteten und Frikadellen verarbeiten konnten. – Aber was jetzt?

Für den Tag des polnischen Banketts bestellten wir unsere gewohnten französischen Gänse aus Burgund und bereiteten diese zu. Das Verhängnis begann nach dem Essen. Die polnischen Gänsezüchter und Sponsoren, die auch unter den Gästen waren, wollten mich sofort nach Polen mitnehmen, denn so gut zubereitet hatten sie ihre Gänse noch nie gegessen. Selbstverständlich musste ich ihnen mindestens das „gute Rezept" geben. Auf die Anmerkung: „Ohne Garantie auf Erfolg", konnte ich nicht verzichten.

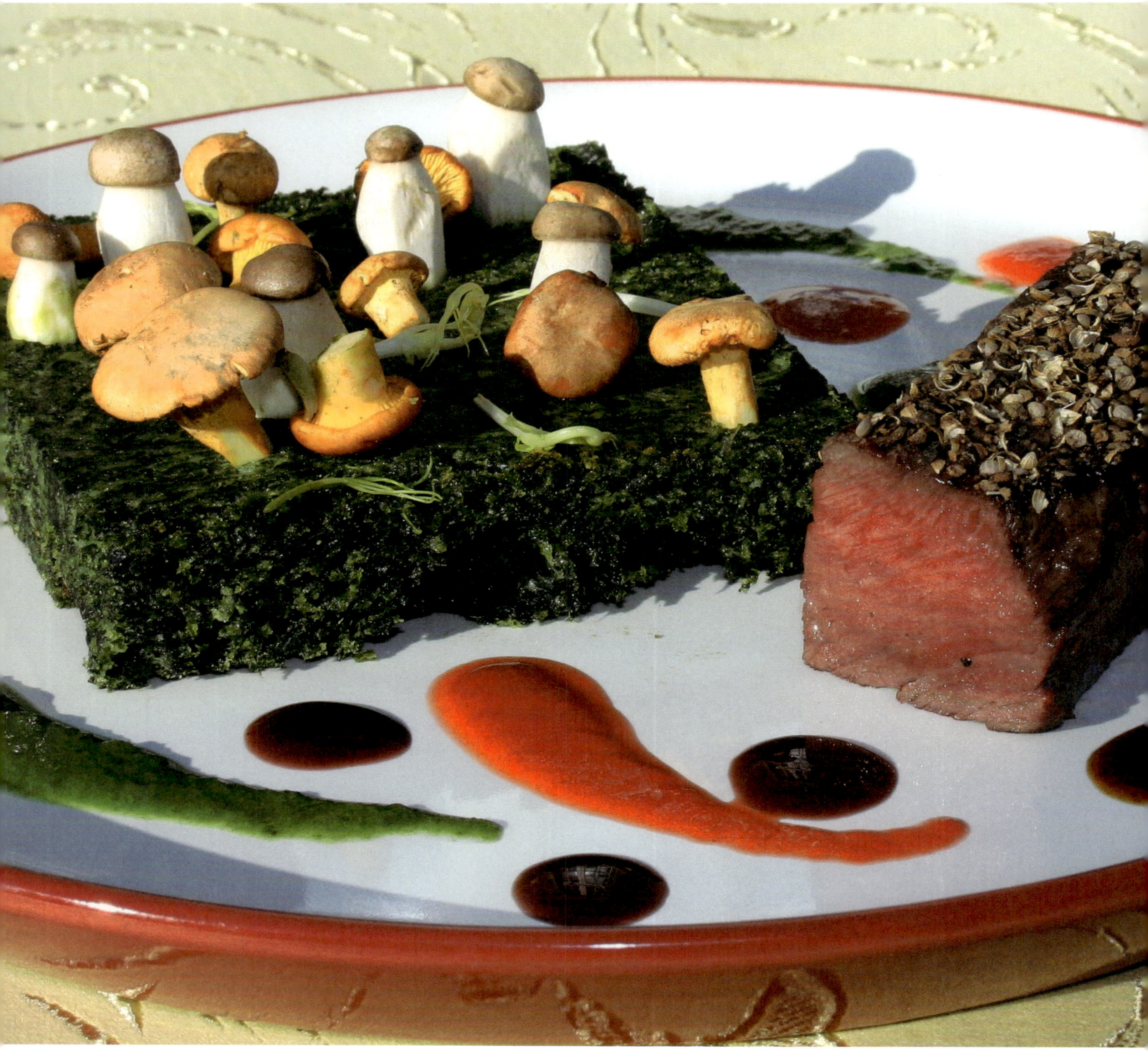

Hirschkalbsrücken auf Mooswiese mit Pilzen

Zubereitung der Mooswiese

Den Spinat auftauen und durch ein Sieb auspressen, anschließend zweimal durch einen Fleischwolf drehen oder im Mixer fein pürieren (die entstehende feine Struktur ist nötig, damit der Mooswiesen-Kuchen schön fluffig wird).

Eier und Zucker aufschlagen, langsam das Öl hinzufügen. Auch Mehl und Backpulver vermischen und zur Eier-Zucker-Masse geben, alles gut verrühren. Schließlich den Spinat unter die Masse heben.

Diesen Teig auf ein mit Backpapier ausgelegtes Backblech füllen und im vorgeheizten Heißluftofen bei 180° C für 50–60 Minuten backen.

Wenn der Kuchen abgekühlt ist, wird er auseinander gezupft und auf dem Teller arrangiert, so dass die Optik einer Mooswiese entsteht.

Die Pilze für die Dekoration putzen, blanchieren oder kurz anbraten.

Zubereitung des Hirschkalbsrückens

Hirschkalbsrücken von Sehnen befreien und in 4 Portionen aufteilen. In einer Pfanne mit heißem Rapsöl von allen Seiten scharf anbraten. Im vorgeheizten Ofen bei 160° C für 20 Minuten garen lassen, herausnehmen und etwas ruhen lassen.

Alle Komponenten, wie auf dem Foto zu sehen, auf den Tellern platzieren.

Bei diesem Gericht war meine Idee, den Hirsch wieder zurück in den Wald zu schicken.

Mooswiese

450 g TK-Spinat

3 Eier

25 g Zucker

140 ml Öl

90 g Mehl, *Typ 405*

10 g Backpulver

Hirschkalbsrücken

800 g Hirschkalbsrücken

etwas Rapsöl

Dekoration

200 g saisonale Pilze *(z. B. Pfifferlinge)*

4 EL rote Gemüsesauce *(s. Rezept S. 102, Kalbsrücken)*

4 EL gelbe Gemüsesauce

4 EL grüne Gemüsesauce

Der mit den Fischen tanzt

600 g Fischfilets
(Sorte nach Belieben und Verfügbarkeit)

etwas Öl

6 Scheiben Pumpernickel

1 Handvoll Glasnudeln

600 g Kartoffeln, *mehlig*

etwas flüssige Sahne

Salz

Schwarzer Pfeffer, *besser noch japanischer Bergpfeffer*

eventuell etwas Gemüse wie Karotte, Broccoli, Kohlrabi

Gewürzmischung für Kartoffel- und Gemüsepüree

Kurkuma

Zitronengras

Bockshornkleesaat

Ingwerpulver

½ TL Chilipulver

Vorbereitung

Die Kartoffeln in der Schale kochen, etwas abkühlen lassen, pellen und durch die Kartoffelpresse drücken. Das Kartoffelpüree mit etwas Sahne verfeinern, mit Salz und Pfeffer abschmecken, eventuell etwas Butter dazugeben.

Wer möchte: Gemüse nach Wahl (siehe Zutatenliste) schälen, fein würfeln und blanchieren, nach Belieben die kleinen Gemüsewürfel untermischen. Je nach Gemüse- und Gewürzzutaten können Sie die Farbe des Pürees verändern.

Das Pumpernickel zerbröseln. Die Glasnudeln portionsweise kurz in heißem Fett ausbacken und abtropfen lassen.
Kurkuma, Zitronengras, Bockshornkleesaat und Ingwer zu gleichen Teilen vermischen, dann Chilipulver zur Gewürzmischung dazugeben.

Zubereitung

Fischfilets im Öl kurz anbraten und entweder in der Pfanne bei reduzierter Hitze oder im Ofen bei 160°C 10–15 Minuten zu Ende garen lassen, herausnehmen und mit Salz und Pfeffer würzen.
Das Püree mit der Gewürzmischung verfeinern, auf den Tellern in einen Dessertring* füllen und als Basis etwas andrücken, dann den Dessertring entfernen.
Die gebratenen Fischfiletstücke auf das Püree legen, dann die Pumpernickelbrösel und die Glasnudeln auf dem Fisch verteilen.

Tipp: Fisch erst salzen, wenn 60 % des Garprozesses abgeschlossen sind, d. h. wenn der Fisch auf beiden Seiten angebraten ist. Würzt man schon am Anfang mit Salz, dann klebt die Haut in der Pfanne fest.

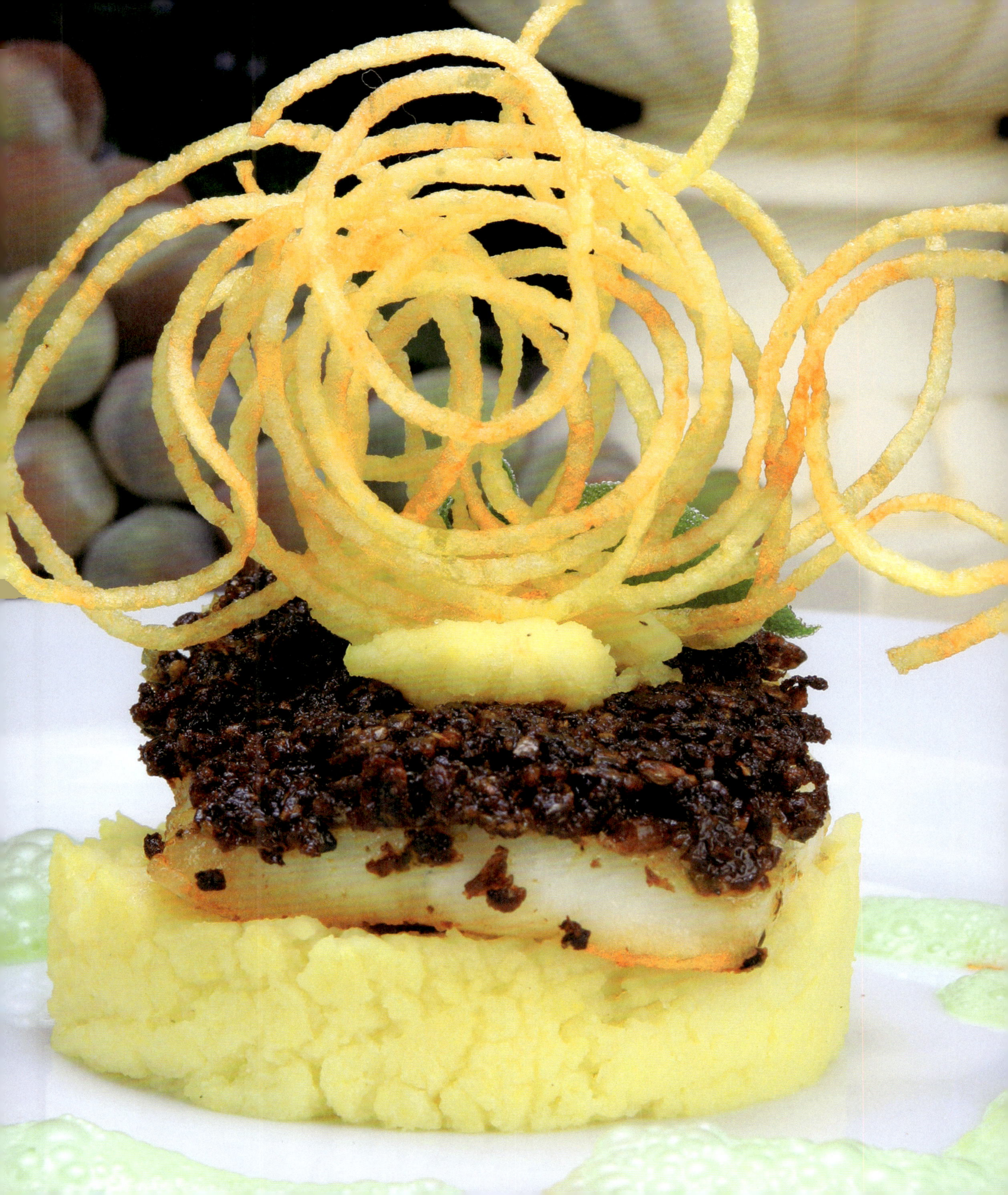

Sämtliche auf dem Foto abgebildeten Zutaten können bei diesem Rezept verarbeitet werden; aber auch das, was der Kühlschrank sonst noch zu bieten hat. Deshalb nenne ich das Bigos auch „Ersparnisse der Schwiegermutter".

Ersparnisse der Schwiegermutter

oder: Bigos auf neue Art

Am Vorabend
Die Steinpilze über Nacht einweichen.

Vorbereitung
Steinpilze und Pflaumen klein schneiden, Knoblauch klein hacken und mit den Pilzen und Pflaumen vermischen.
Fleisch und die Krakauer klein schneiden, Schalotten schälen und ebenfalls klein schneiden.
Weißkohl von den äußeren Blättern befreien, halbieren, den Strunk herausschneiden, dann den Kohl in Streifen schneiden. Auch das Sauerkraut unter kaltem Wasser abspülen und fein schneiden.

Zubereitung
Fleisch und Wurst in einem großen Topf mit etwas Öl anbraten und mit Rotwein ablöschen. Die Schalotten dazugeben und etwas dünsten lassen. Dann Sauerkraut und Weißkohl dazugeben, das Tomatenmark mit etwas Butter dazugeben und 30 Minuten unter ständigem Rühren schmoren lassen.
Die Pflaumen-Pilz-Knoblauch-Mischung ebenfalls in den Topf geben, unter gelegentlichem Rühren dann ungefähr 1 Stunde schmoren lassen. Droht das Bigos zu trocken zu werden, mit etwas Flüssigkeit, z. B. Brühe oder Wasser, auffüllen. Das Bigos ist fertig, wenn Fleisch und Kohl gar sind.

Bigos ist eines der wenigen Gerichte, das nach einer Woche noch besser schmeckt als frisch zubereitet. Es läßt sich im Kühlschrank aufbewahren und immer wieder sehr gut aufwärmen.

---

insgesamt 200 g Wild, Huhn oder Rindfleisch *(nach Belieben)*

300 g Weißkohl

300 g Sauerkraut

6 Schalotten

200 g Krakauer

2 EL Tomatenmark

etwas Butter

etwas Öl

trockener Rotwein

1 Handvoll Steinpilze, *getrocknet*

1 Handvoll Pflaumen, *getrocknet und entsteint*

1–2 Knoblauchzehen

Ceviche auf meine Art

3 Jakobsmuscheln
1 Avocado
1 Papaya
½ frische Gartengurke
1 Schalotte
1 Zitronen
2 EL Sonnenblumenöl
1 EL Petersilie
Salz, Pfeffer

Vorbereitung
Die Zitrone auspressen und den Saft mit dem Sonnenblumenöl vermischen, die Petersilie fein hacken und unterrühren; dann diese Marinade mit Salz und Pfeffer abschmecken.

Zubereitung
Jakobsmuscheln in Scheiben schneiden und in der Marinade anmachen. Avocado, Papaya und Schalotten schälen und klein schneiden, mit Salz und Pfeffer abschmecken und zu einer Masse vermischen. Die Masse auf den Tellern mit Hilfe eines Dessertrings* platzieren, darauf die marinierten Scheiben der Jakobsmuschel legen. Anrichten wie auf dem Foto.

Ceviche kann man generell aus Fischen, Muscheln und Meeresfrüchten machen. Es wird roh serviert und mit Limettensaft mariniert.

Tipp: *Optisch ansprechend ist eine Dekoration mit Kaviar.*

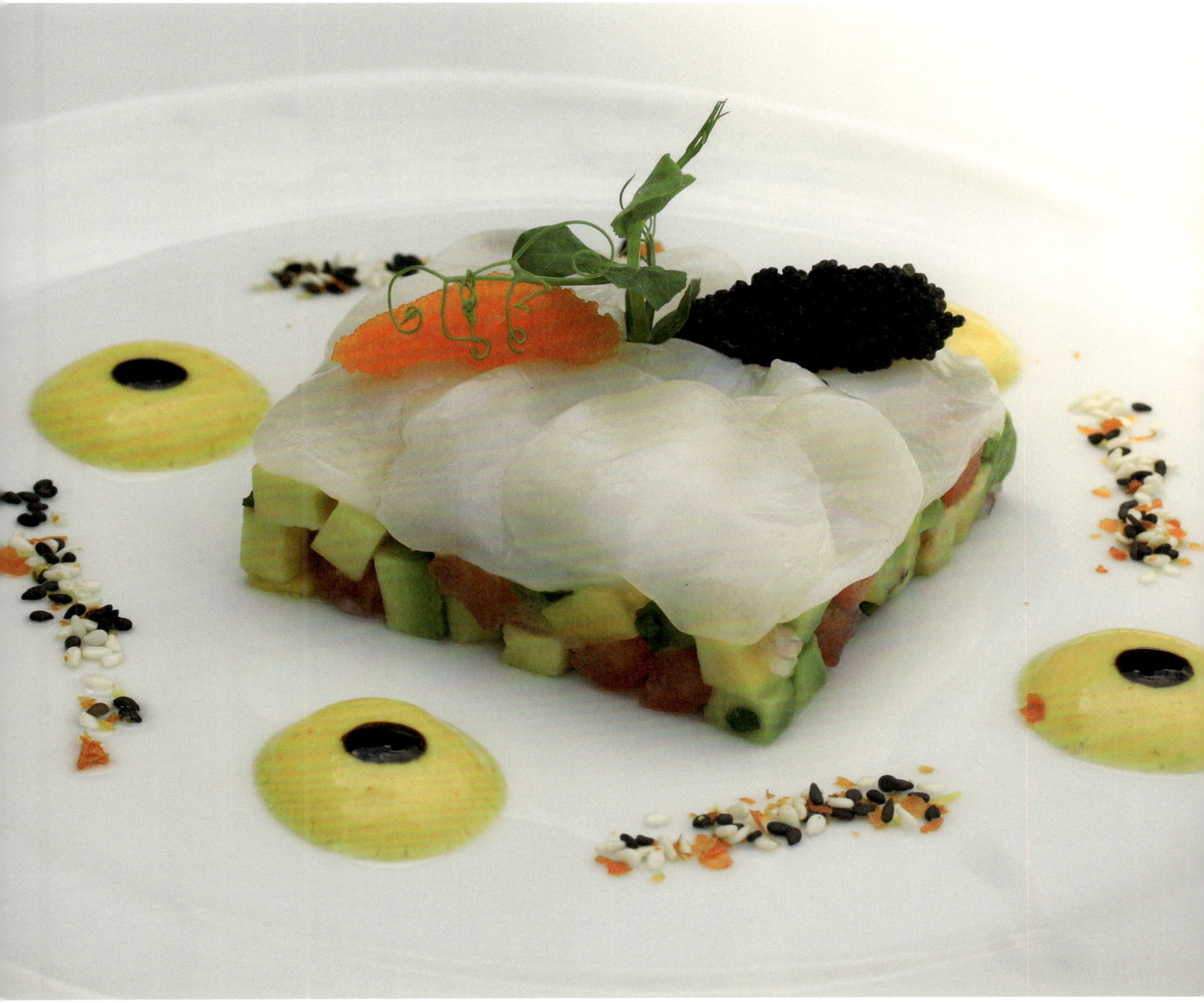

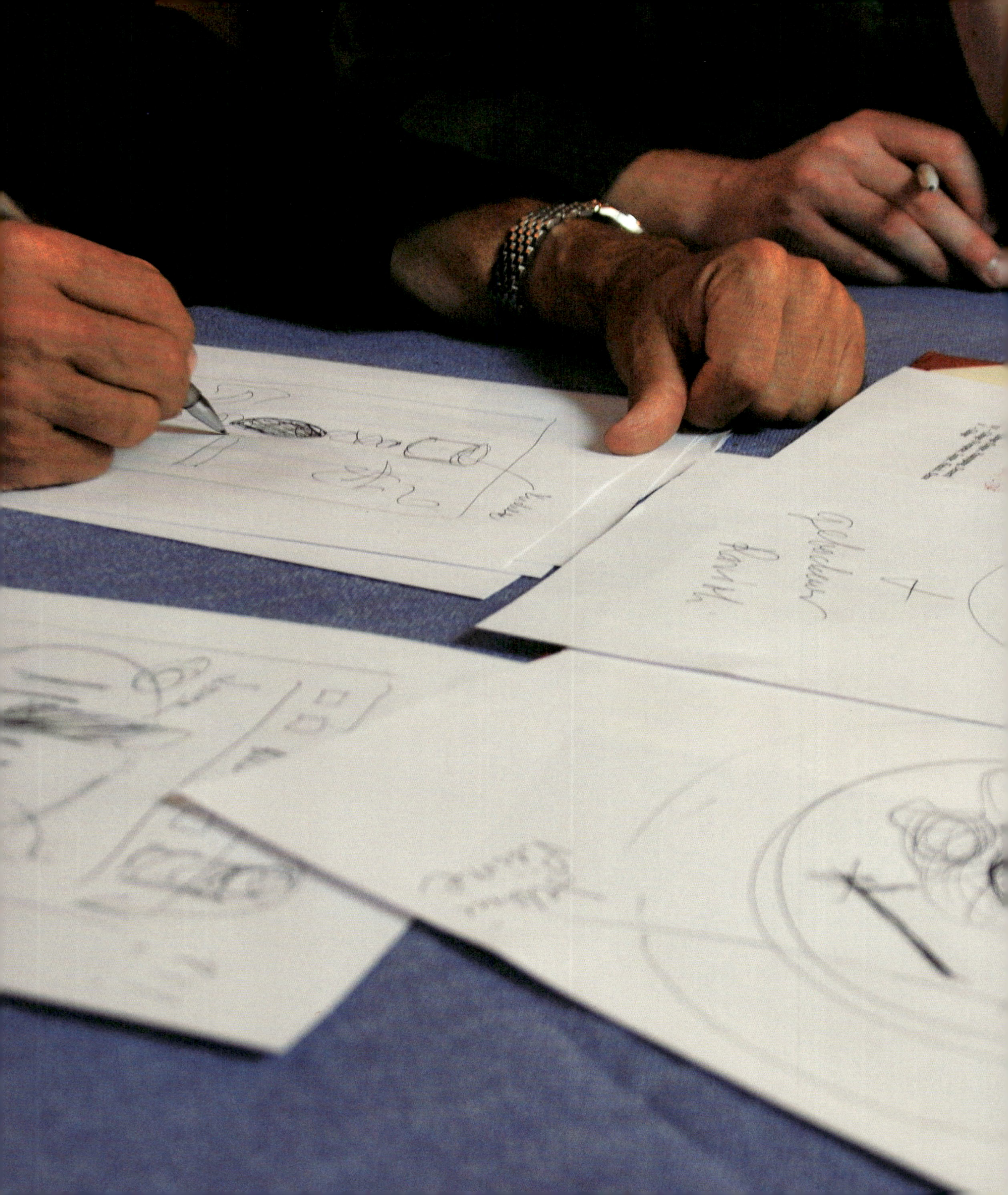

Spargel-Ragout

Vorbereitung

Den Spargel abwaschen, abtrocknen, schälen und in 2 cm lange Stücke schneiden (gegen Ende der Saison: den holzigen unteren Teil abbrechen, ca. 2 cm).
Karotten und Schalotten schälen und in Würfel schneiden, Paprika waschen, halbieren, von Samen und Strunk befreien und ebenfalls würfeln. Porree säubern und in Scheiben schneiden. Den Knoblauch schälen und klein hacken.

Zubereitung

Gemüse in dieser Reihenfolge in einen Wok oder eine Pfanne mit Öl bei mittlerer Hitze geben:
1. Karotten
2. nach 2–3 Minuten die Spargelstücke dazu, schwenken und dann
3. außer Knoblauch alle übrigen Gemüse dazugeben

Hitze kurz auf Maximum stellen, dabei mit einem Holzlöffel rühren und darauf achten, dass der Spargel eine leicht goldene Färbung bekommt. Dann den Knoblauch in das Gargut geben und mit Weißwein ablöschen. Den Wein bei mittlerer Hitze auskochen lassen. Mit Salz und Pfeffer abschmecken.

Dazu passt frisches Brot oder Salzkartoffeln mit Dill.

Tipp: Einen schönen Effekt bekommt man, wenn man das Gericht mit einer Gewürzmischung auf Basis der Ayurveda-Küche bestreut. Kurkuma, Ingwer und Bockshornkleesaat werden zu gleichen Teilen vermischt. Das gibt einen tollen Geschmack und ist außerdem sehr gesund.

1 kg frischer weißer Spargel
200 g Schalotten
100 g Karotten
1 rote Paprika
100 g Porree *(nur den weißen Teil)*
1 Knoblauchzehe
200 ml Weißwein
etwas Sonnenblumen- oder Rapsöl
Salz und Pfeffer

HAUPTGERICHTE

Pfefferpotthast von Kabeljau oder Lachs

800 g Kabeljau- oder Lachsfilet
60 g Butterschmalz
10 Zwiebeln
2 Lorbeerblätter
Salz
¾ l Fischbrühe
4 Nelken
5–6 Pfefferkörner
5 Zitronenscheiben
Salz und Pfeffer
6 EL Paniermehl
2 EL Zitronensaft
1 EL Kapern

Vorbereitung
Fisch, wenn nötig parieren, in ca. 2 cm große Würfel schneiden und mit etwas Öl beträufeln, die Zwiebeln schälen, klein schneiden und separat glasig dünsten. Getrocknete Lorbeerblätter mit Salz im Mörser zerstoßen.

Zubereitung
Die Fischbrühe aufkochen, dann die Hälfte der gedünsteten Zwiebeln, sowie Nelken, Pfefferkörner und die Zitronenscheiben dazugeben, alles zugedeckt 30 Minuten köcheln lassen. Zitronenscheiben herausnehmen und die Fischbrühe mit Salz und Pfeffer abschmecken.
Die Fisch-Stückchen im heißen Butterschmalz anbraten.

Anrichten
Die gebratenen Fisch-Filets mit den restlichen Zwiebeln vermischen und mit dem Fisch-Gewürzfond begießen, mit Zitronensaft und Kapern abschmecken.

Dazu kann man wunderbar frisches Baguette reichen und ein Bukett von verschiedenen Salaten.

Tipp: Als farbigen Aspekt kann man noch Tomaten oder auch, je nach Farblust, anderes blanchiertes Gemüse dazugeben.

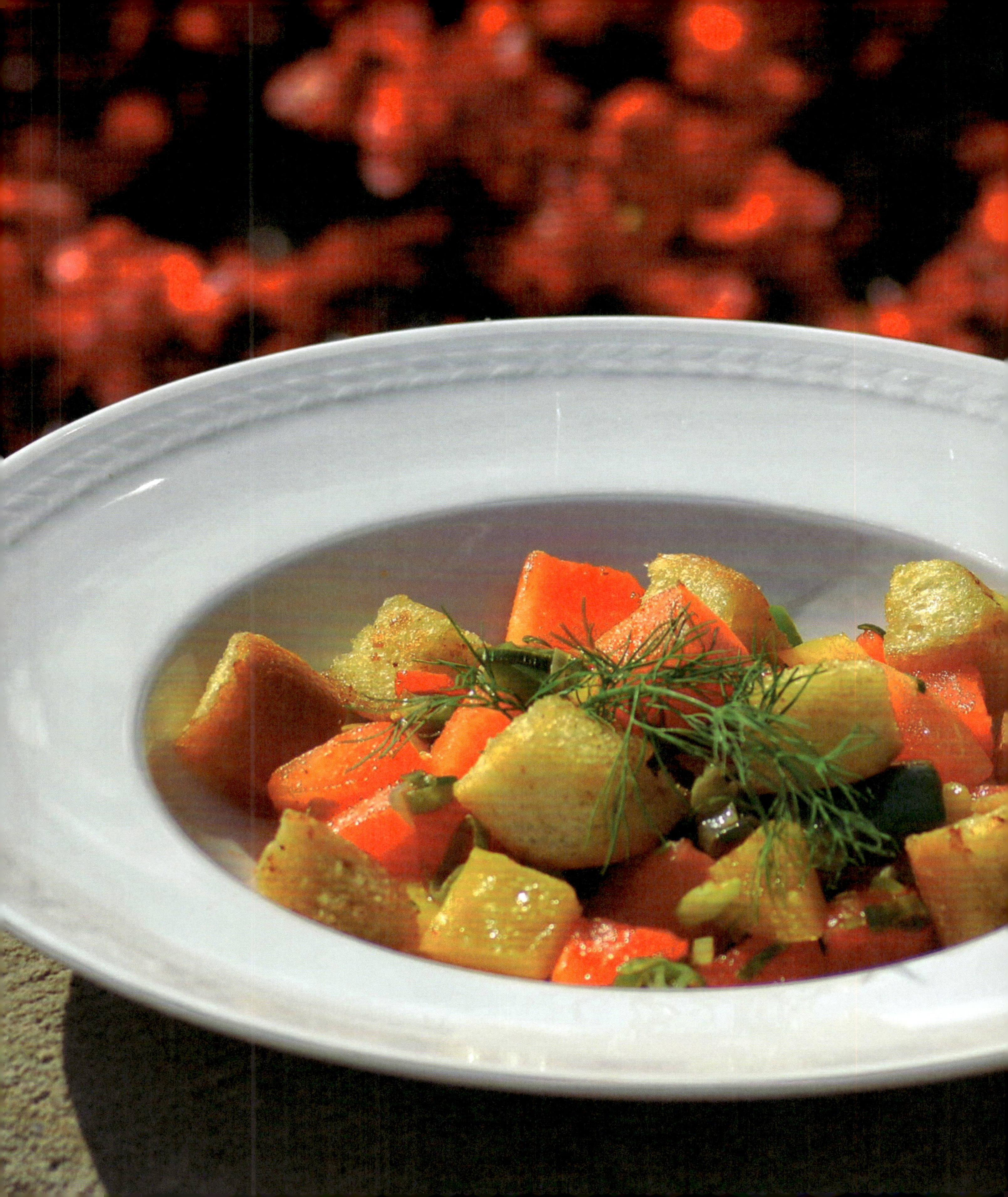

was form-alitäten, nur Inhalt zählt!

BEILAGEN

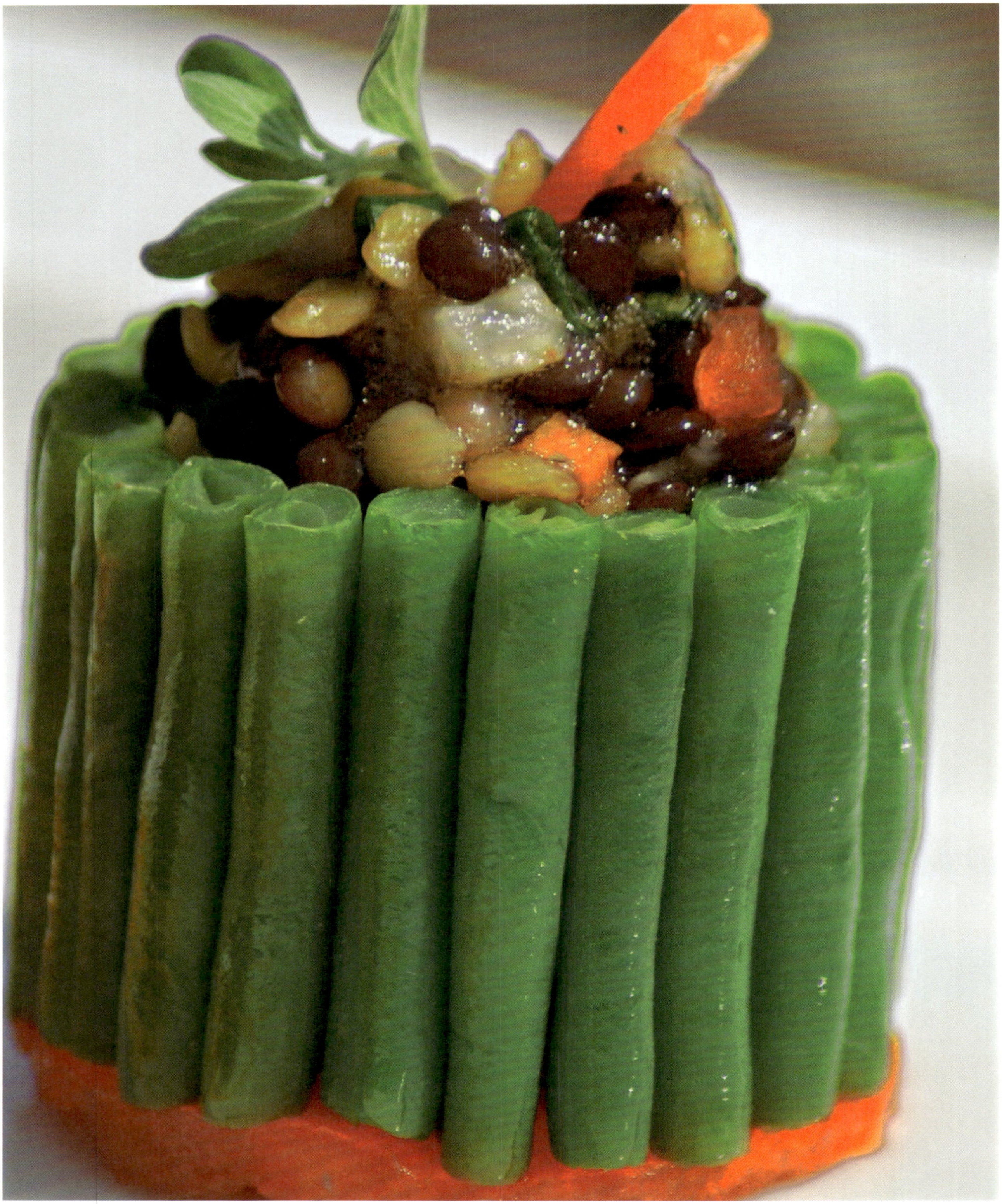

Bohnen-Timbale

(ein Servier-Vorschlag für kleingeschnittene Gemüsebeilagen)

Die Bohnen in gesalzenem Wasser mit Natron blanchieren und abkühlen lassen, alle auf gleiche Länge schneiden.
In einen Dessertring* etwas Gemüse-Püree geben und am Boden festdrücken.
Am inneren Ringrand die Keniabohnen rundum aneinandergereiht (wie auf dem Foto) in den Ring stellen. Dann in die Mitte beispielsweise Gemüseragout geben.

Als Anregung: *Gemüseragout – Gemüse nach Wahl klein würfeln, kurz anbraten, mit Salz, Pfeffer und eventuell etwas Zitronensaft abschmecken.*

20 Keniabohnen pro Portion

1 TL Natron*

Gemüse-Püree
(s. S. 110, „Der mit den Fischen tanzt")

Blinis

Zu den Blinis kommt mir eine Geschichte aus Moskau von vor ca. 15 Jahren in Erinnerung. Damals machte ich auf der Gourmet-Messe in Moskau Werbung für Fruchtkaviar. Um die Russen für unseren Fruchtkaviar zu interessieren, hatte ich mich entschieden, Blinis zu machen. Unsere Dolmetscherin machte sich um meinen Geisteszustand Sorgen; denn als Ausländer Kaviar und Blinis in Russland präsentieren zu wollen sei dümmer als Eulen nach Athen zu tragen. Das Resultat war: in langen Schlangen warteten die Russen geduldig auf unsere angebotenen Gerichte und die entsprechenden Rezepte. Allerdings, wie es laut Erzählungen wohl öfter im Osten passiert, wurde vor dem Auftritt sämtliches Werbematerial für unseren Fruchtkaviar, inklusive der Rezepte, von fleißigen Russen geklaut. Die Ankündigung einer fürstlichen Belohnung bei Rückgabe des Diebesguts blieb ohne Erfolg.

---

15 g Frischhefe

100 ml warmes Wasser

4 Eier

250 ml warme Milch

300 g Buchweizenmehl

6 EL Butter

1 Prise Salz

1 TL Zucker

4 EL Öl

Vorbereitung
Frischhefe mit warmem Wasser verrühren und ca. 15 Minuten ruhen lassen. Die Butter schmelzen, die Eier trennen und das Eiweiß steif schlagen. Die Milch mit dem Buchweizenmehl verrühren und flüssige Butter, Salz und Zucker dazugeben. Das geschlagene Eiweiß unter die Masse ziehen, 30 Minuten ruhen lassen.

Zubereitung
Öl in einer Pfanne erhitzen und mit einem Suppenlöffel den Teig in Portionen für kleine Plätzchen ins Öl legen, auf beiden Seiten goldbraun ausbacken.

Auf dem Foto sind die Blinis mit Heringshäckerle angerichtet. Das sind klein geschnittene Heringfilets und Schalotten, angemacht mit etwas weißem Aceto balsamico und Öl.

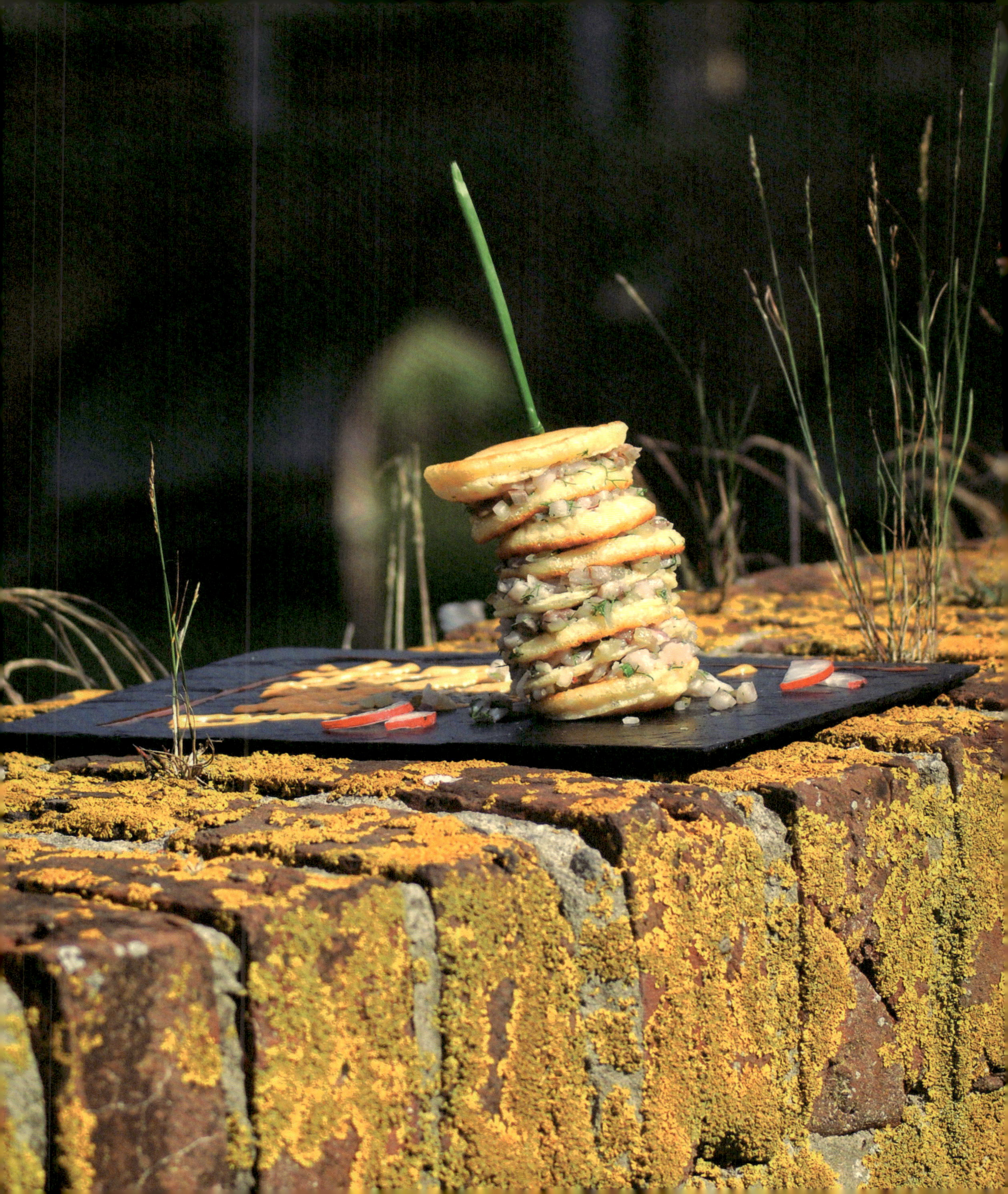

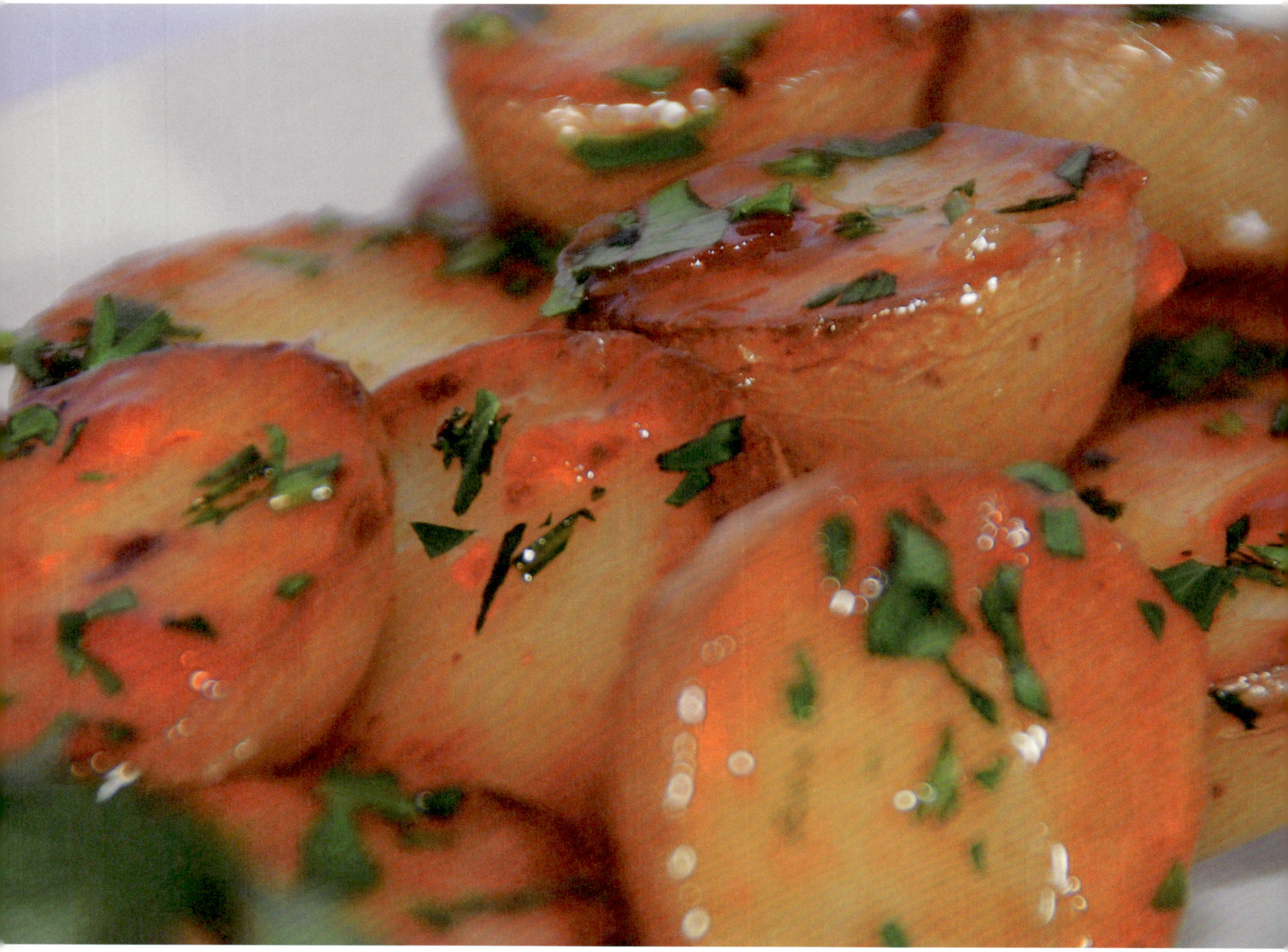

Gewürzkartoffeln

Vorbereitung

Thymian, Rosmarin und glatte Petersilie waschen, abtrocknen, Blätter abzupfen und klein hacken. Den Knoblauch, die Schalotten und die halbe Paprika schälen und klein schneiden. Die Kartoffeln in der Schale kochen und dann abkühlen lassen.

Zubereitung

Bis auf die Kartoffeln das vorbereitete Gemüse und die Kräuter in einer Pfanne mit Rapsöl andünsten, vom Herd nehmen und mit Läuterzucker und den Restzutaten zu einer Marinade vermischen.

Die Kartoffeln mit einem scharfen Messer halbieren oder vierteln und mit der Marinade vermengen.

Kartoffeln *(am besten eignen sich Drillinge oder Cilena, also festkochende Sorten)*

Gewürz-Marinade

4 Knoblauchzehen

2 Schalotten

½ rote Paprika

100 ml Läuterzucker*

1 TL scharfes Paprika-Pulver

1 TL Kreuzkümmel

1 Zweig Thymian

1 Zweig Rosmarin

1 Zweig glatte Petersilie

100 ml Rapsöl

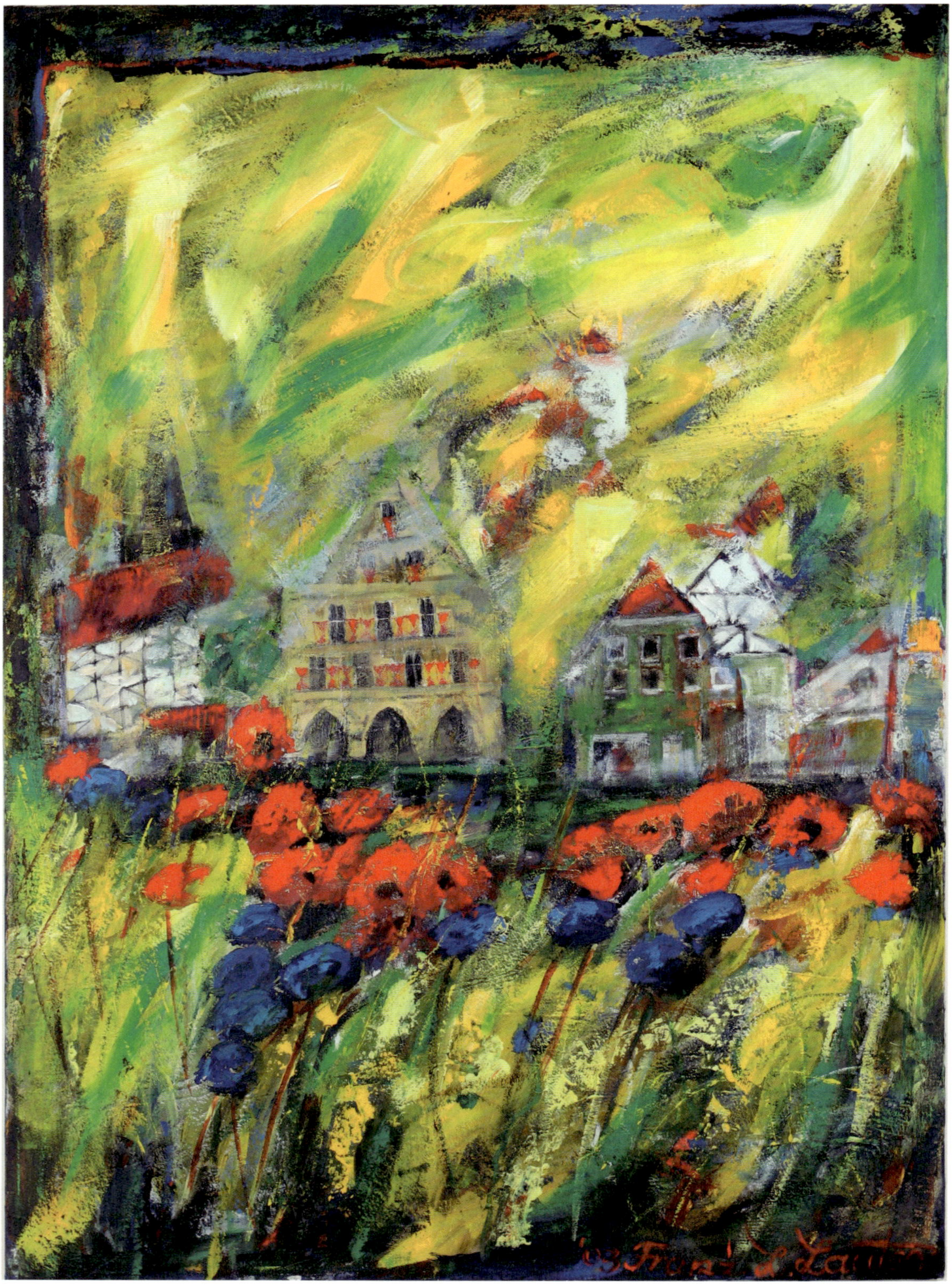

Oben:
Sonne, 2007

Linke Seite:
Werne im Mohn-Korn-Feld, 2003

Klöße, Klößchen, Gnocchi

1 kg mehlige Kartoffeln
250 g Kartoffelmehl
Salz, Pfeffer

Die Kartoffeln mit Schale kochen, noch warm schälen und durch eine Kartoffelpresse drücken. Dann das Kartoffelmehl darübergeben und die Masse sehr gut vermischen, mit Salz und Peffer abschmecken.
Die Masse zu großen Knödeln, kleinen Klößchen oder – mit der Gabel am Rand eingedrückt – zu Gnocchi kneten.
Zur Probe Klöße bzw. Klößchen in gesalzenem Wasser abkochen: wenn sie oben schwimmen, sind sie gar. Sollte die Konsistenz der Kartoffelmasse nicht stabil sein, noch etwas Kartoffelmehl dazugeben.

Von dieser Masse können Sie Kartoffelklöße, Knödel, Gnocchi und Spätzle machen … Oder alles was Ihnen einfällt. Sie müssen nur die Form ändern.

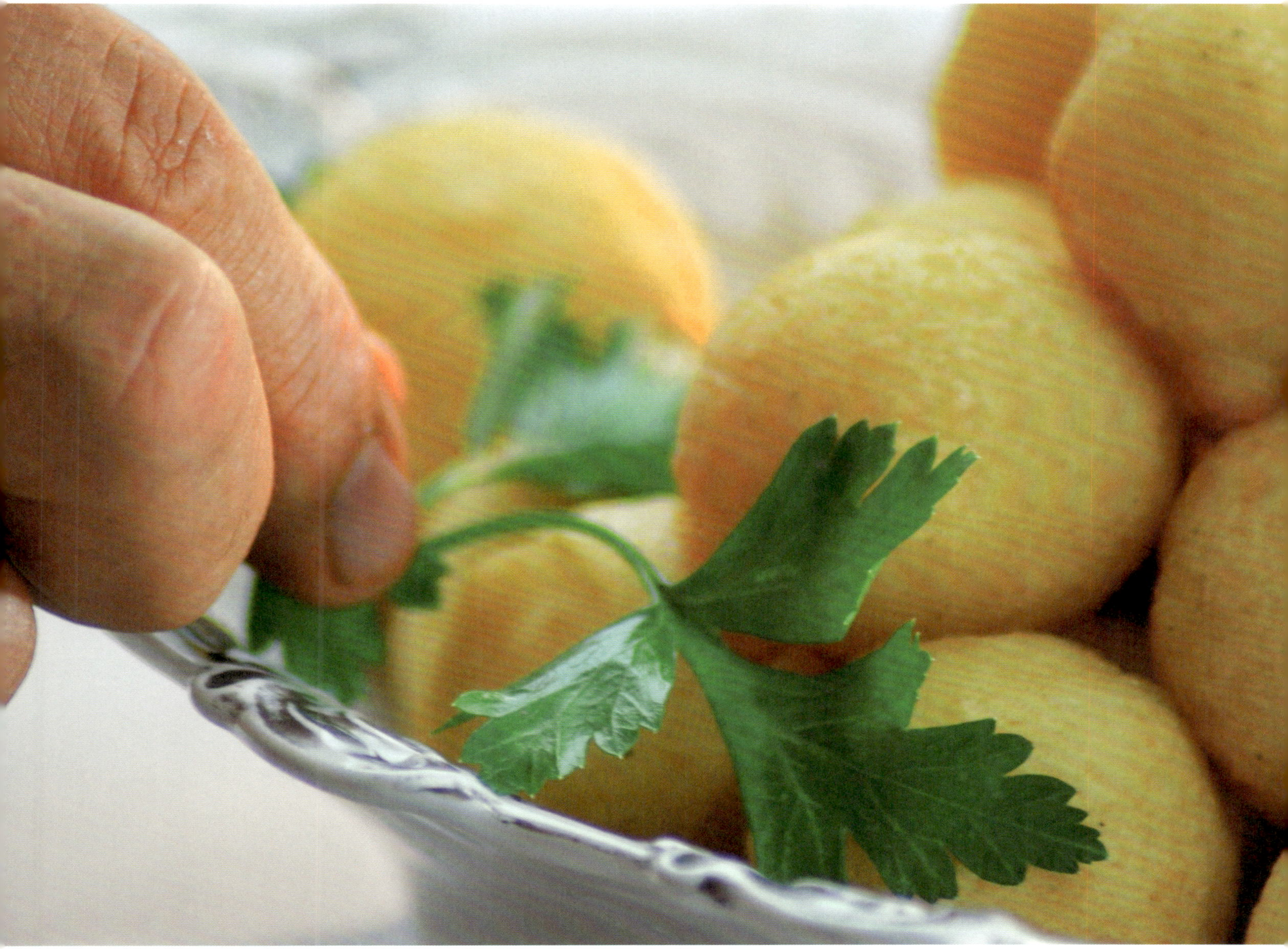

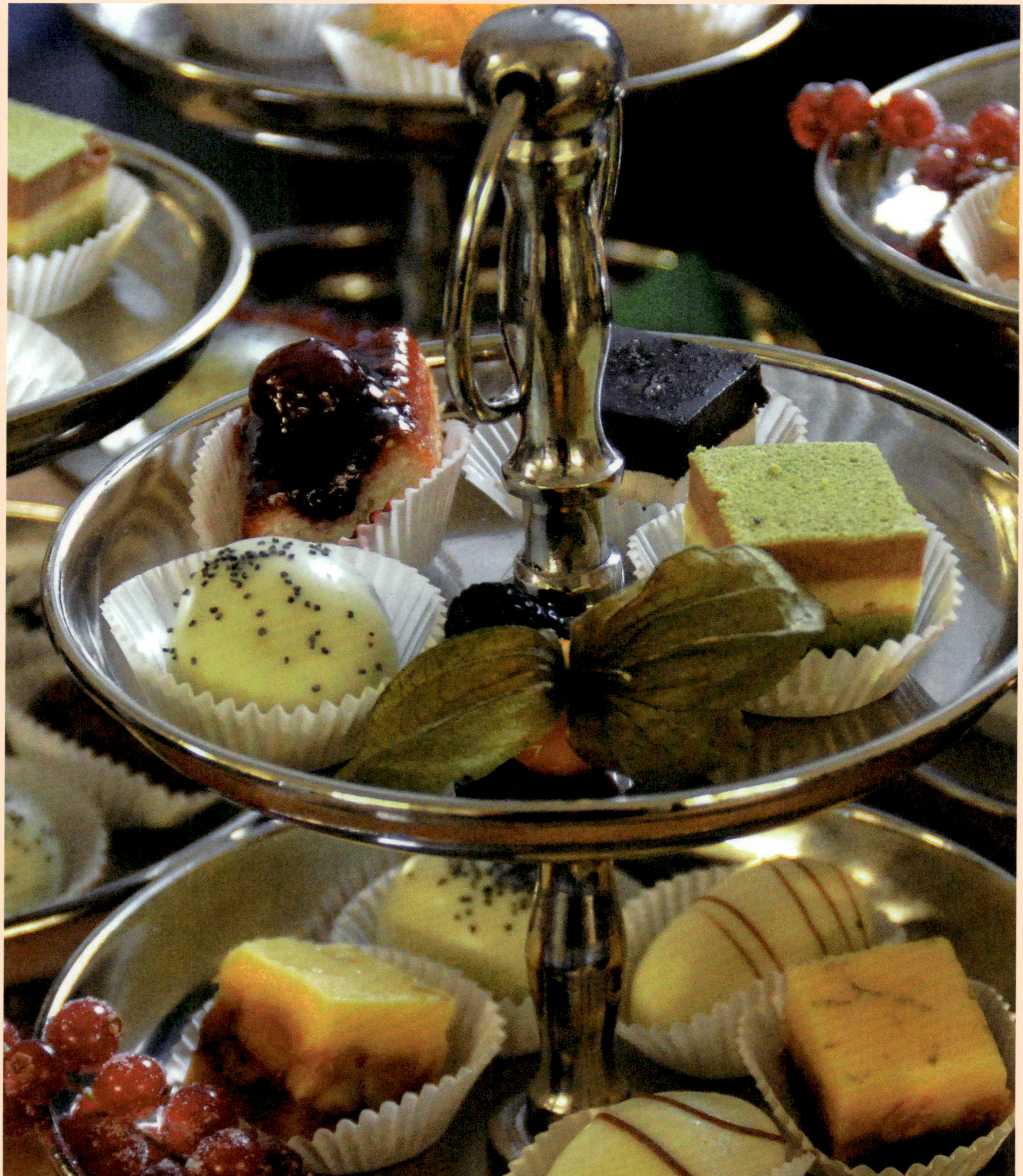

DESSERTS UND TORTEN

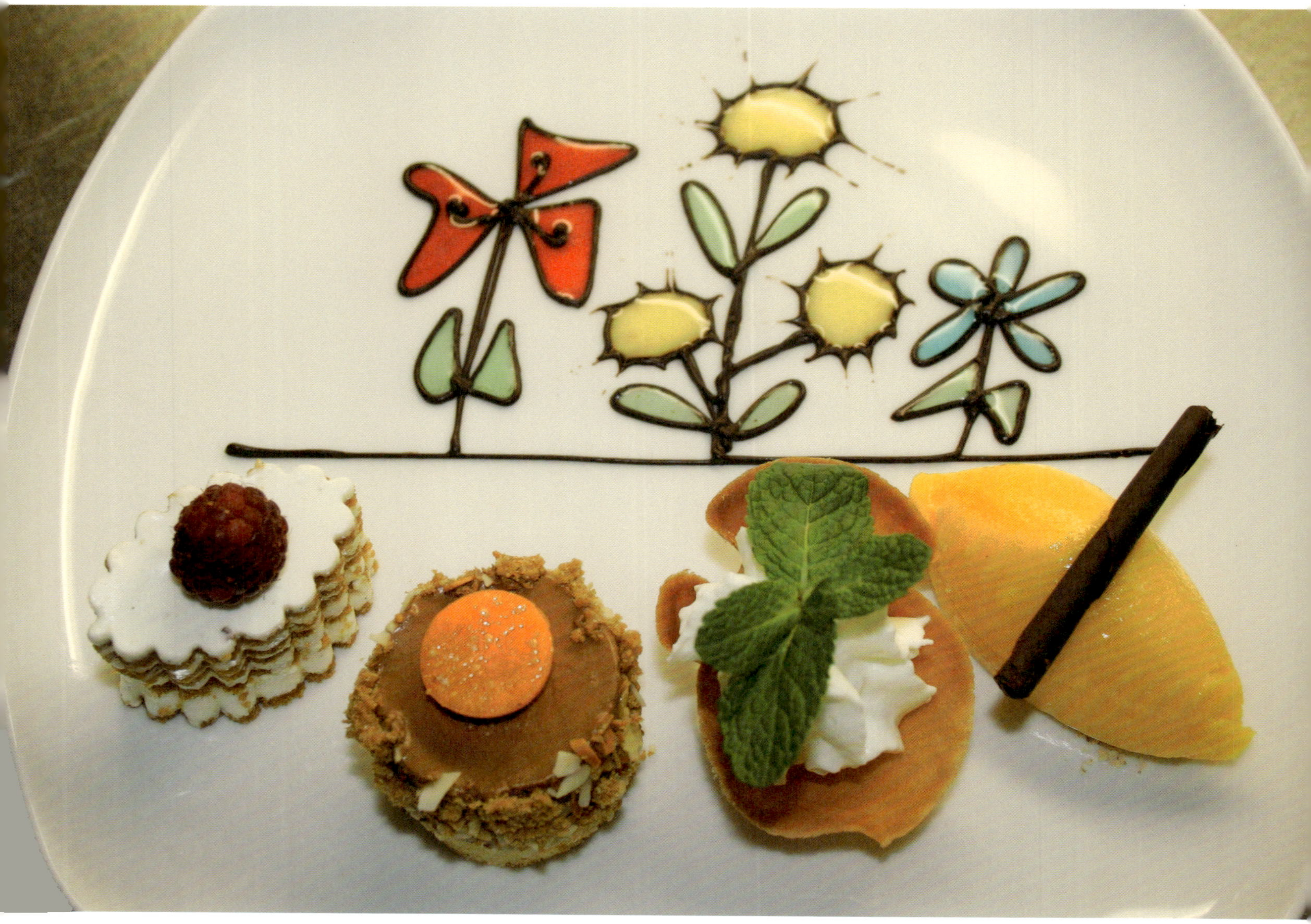

Venusgarten

(Servier-Idee)

– Malerei und Kochen kombiniert –
Vor 38 Jahren, als wir im Schloss Schwansbell in Lünen residierten, hieß er „Schwansbeller Wiese". 22 Jahre später, nach unserem Umzug ins Schloss Nordkirchen, wurde er in Anlehnung an die barocke Gartenanlage des Schlosses in „Venusgarten" umgetauft – unser Dessertteller. Als Bühne für unsere Dessert-Köstlichkeiten werden mit zerlassener Schokolade Blumen auf die Teller gemalt.

– Farbpalette –
Rot: Erdbeer- oder Himbeersirup, Gelb: Eierlikör,
Blau: Blue Curaçao, Grün: Pfefferminzlikör

Kogel Mogel

4 Eigelbe *(Eier Größe M)*
80 g Puderzucker
250 g Himbeeren
4 cl Himbeergeist

Eigelbe und 50 g des Puderzuckers sehr steif schlagen, sodass eine helle Creme entsteht, an die Seite stellen.
Die Himbeeren mit den restlichen 30 g Puderzucker im Mixer pürieren, den Himbeergeist dazugeben.
Die pürierten Himbeeren auf 4 Cocktail-Gläser verteilen und darauf die Eier-Creme geben.

Tipp: *Himbeergeist bindet Aromen*

Tipp: *Sollten Sie Früchte als Dekoration dazugeben wollen, wälzen Sie diese vorher in Puderzucker. Dann werden sie auf der Creme liegen bleiben und nicht so schnell versinken.*

Mousse au chocolat
auf vegane Art

Die Avocados schälen, den Kern herausnehmen und im Mixer pürieren, den Honig einrühren, zum Schluß das Kakaopulver hinzufügen. Alles so lange pürieren, bis eine homogene Masse entsteht.

Mit Obst oder auch Eis servieren.

Tipp: Die vegane Mousse au chocolat lässt sich auch un-vegan erweitern mit der Creme aus Skyr und weisser Schokolade in dem Rezept „Obstgarten".

Der hier verwendete Fruchtkaviar ist mittlerweile in gut sortierten Lebensmittelläden erhältlich.

3 reife Avocados
40 g Kakaopulver *(80 %)*
60 g Honig

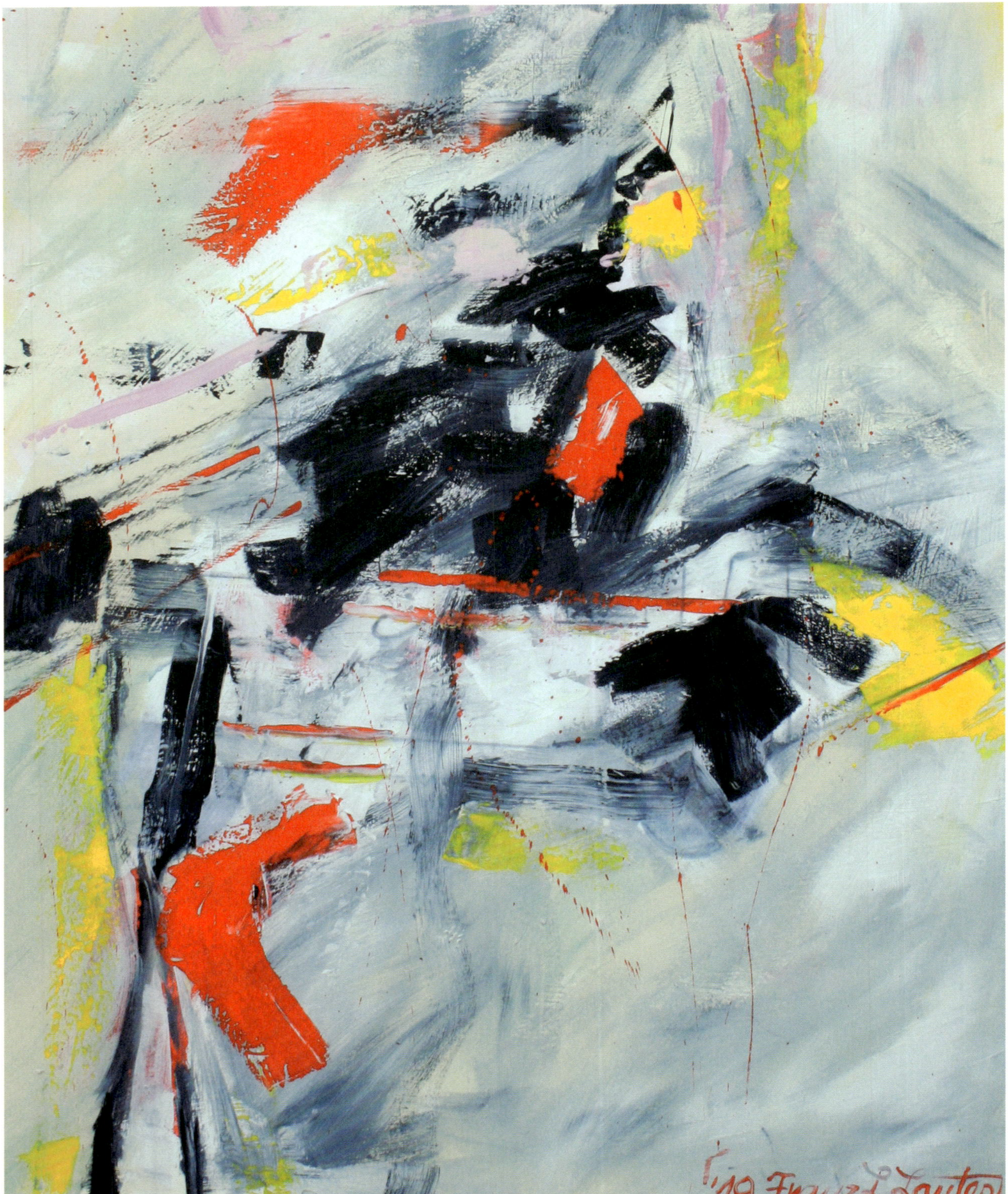
'19 Franz L. Lauter

Oben:
Harmlose Blumen, 2019

Linke Seite:
Crash, 2019

Obstgarten

150 g weiße Kuvertüre
100 g flüssige Schlagsahne
150 g Skyr *(isländischer Joghurt)*
12 Kirschen
8 Himbeeren
12 Blaubeeren
8 Erdbeeren
12 Weintrauben
oder Obst nach Belieben
Zitronenmelisse *(zur Dekoration)*

Vorbereitung
Das Obst säubern und – falls nötig – in mundgerechte Stücke schneiden.

Zubereitung
Kuvertüre im Wasserbad schmelzen, die Sahne aufkochen und die geschmolzene Kuvertüre hineingeben, die Masse verrühren bis die Schokolade vollständig aufgelöst ist, abkühlen lassen. Den Skyr dazugeben und mit einem Stabmixer vermengen. Für zwei Stunden in den Kühlschrank stellen, schließlich hübsch mit dem vorbereiteten Obst anrichten.

Als Dekoration sind auch gepuffte Getreidekörner geeignet.

Auf dem Foto ist der Obstgarten mit Kirsch-Sorbet in einer Hülle aus weißer Schokolade dekoriert.

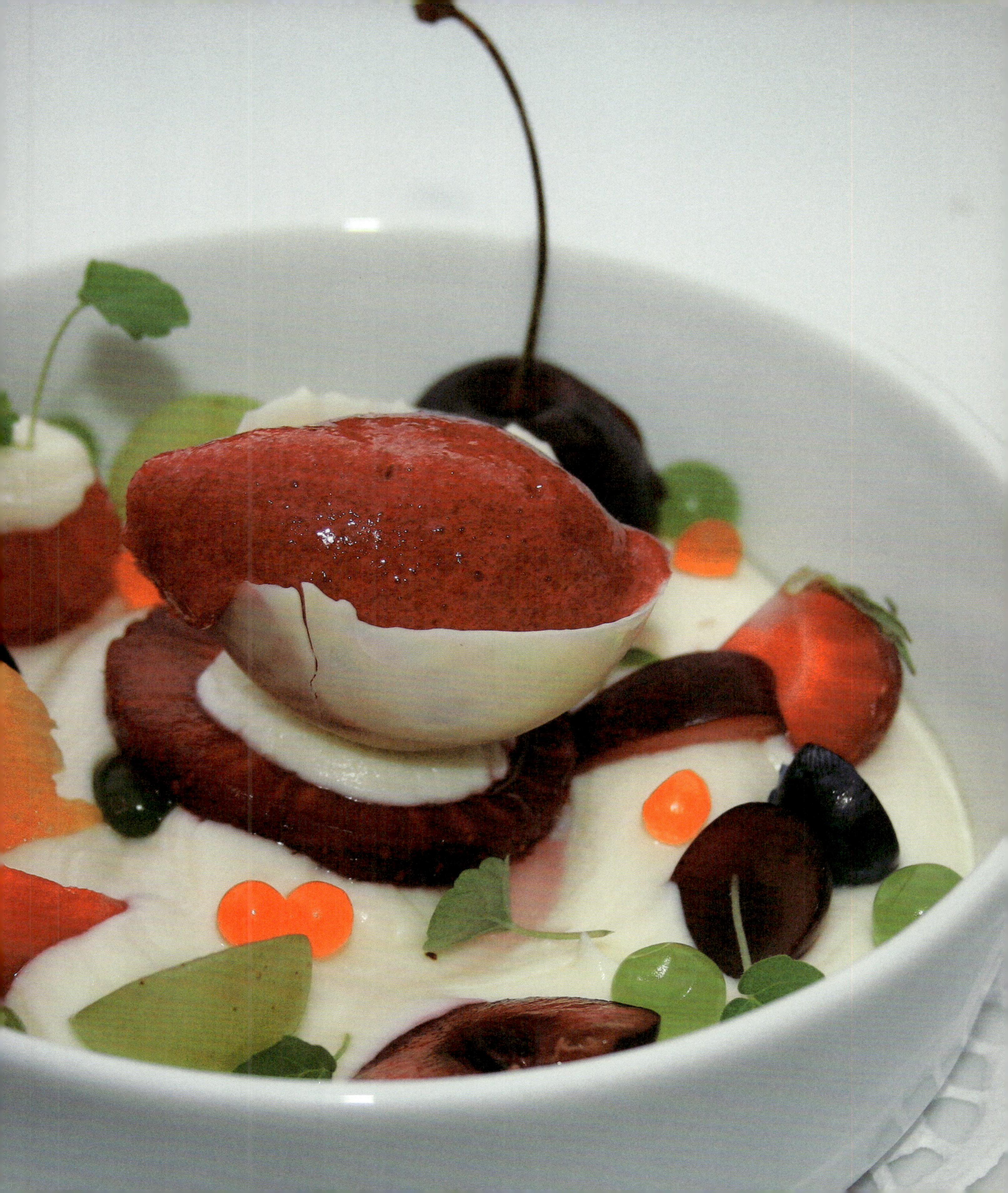

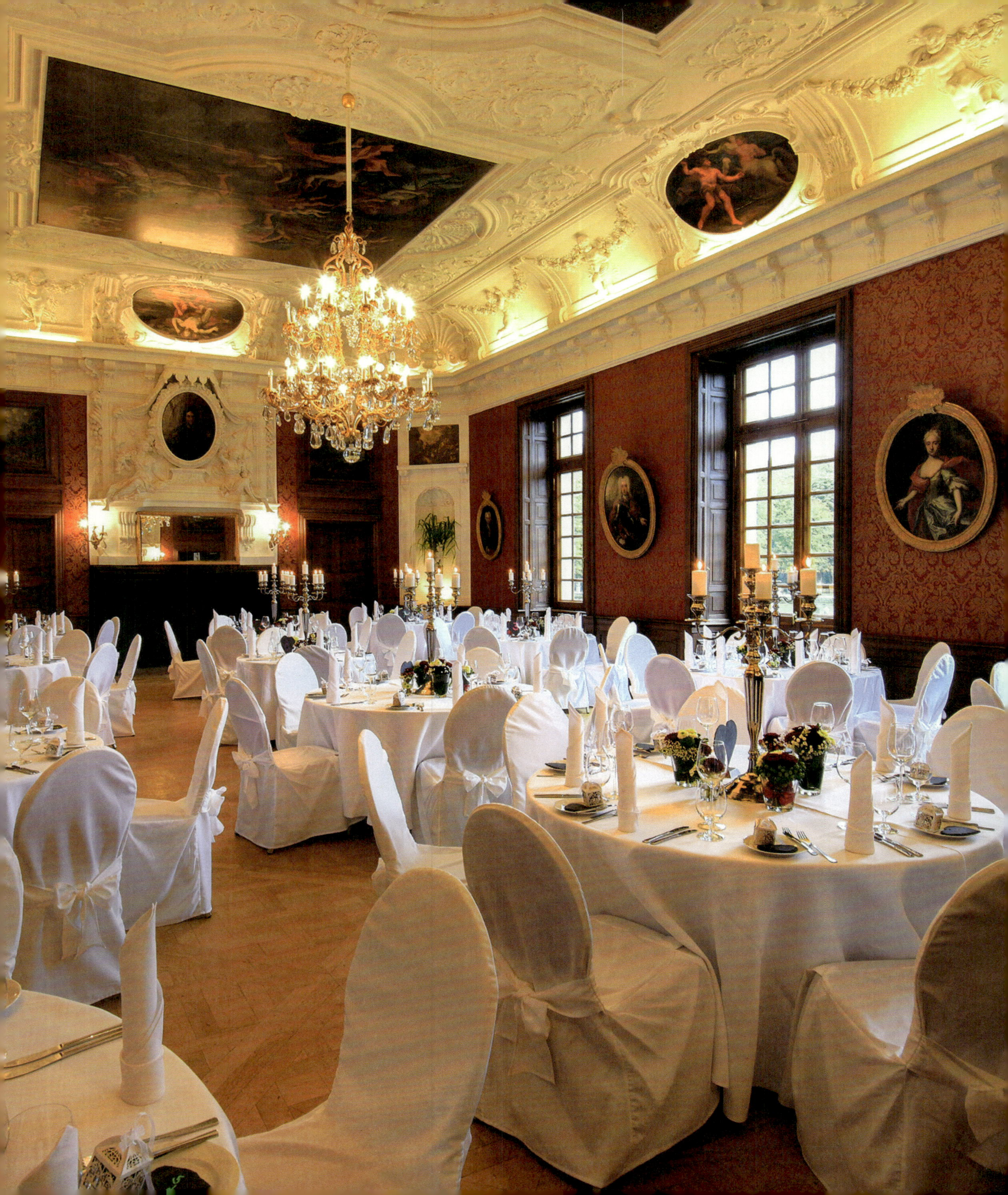

Pralinen

Zubereitung der Pralinen-Grundmasse
Die Crème double aufkochen, die Kuvertüre dazugeben und schmelzen lassen, durch ein Sieb passieren und die Masse 24 Stunden im Kühlschrank auskühlen lassen.

Zubereitung Pralinen
Zutaten des jeweiligen Rezepts gründlich vermengen. Die Masse zu Kugeln von ungefähr 20 g rollen und über Nacht in den Gefrierschrank legen.
Am nächsten Tag in geschmolzene Schokolade tauchen und schon sind die köstlichen Pralinen fertig.

Tipp: Beim Rollen der Pralinen muss die Masse leicht auf der Hand kleben, sonst mit der Grundmasse verlängern bzw. anfeuchten. Wenn die „Knetmasse" zu trocken ist, werden die Pralinen hart.

Tipp: Zur Verlängerung der Pralinen-Grundmasse kann man auch Kuchenreste verwenden, die man zerbröselt und mit der Grundmasse gut vermischt.

Pralinen-Grundmasse:
250 g weiße Kuvertüre
500 g Crème double

Kaffee-Pralinen
300 g Pralinen-Grundmasse
30 ml Kaluha *(Kaffeelikör)*
1 g lösliches Kaffeepulver
Ergibt ca. 20 Pralinen

Kokos-Pralinen
200 g Pralinen-Grundmasse
10 ml Bacardi
15 ml Piña Colada-Likör
30 ml Kokos-Sirup
10 g Kokosraspeln
Ergibt 18 Pralinen

Cassis-Pralinen
200 g Pralinen-Grundmasse
40 g Cassis-Püree *(Herstellung: Schwarze Johannisbeeren mit einem Schuss Cassis-Likör pürieren)*
15 ml Crème de Cassis-Likör
Ergibt 18 Pralinen

Jupiter Saal im
Schloss Nordkirchen

Schoko-Soufflé

150 g Zartbitterschokolade
140 g Butter
100 g Zucker
35 g Mehl *Typ 405*
3 Eier *(Größe M)*

Förmchen

Die Zartbitterschokolade im Wasserbad schmelzen lassen, Butter und Zucker nach und nach zugeben und darin auflösen. Die Eier (Raumtemperatur) verrühren und nach und nach in die Schokoladenmasse geben, zuletzt das Mehl einrühren.

Förmchen (mit etwa 150 ml Volumen) sorgfältig buttern und bemehlen und die Schokoladenmasse einfüllen.

Heißluftofen auf 230° C vorheizen und darin das Soufflé in etwa 10 Minuten ausbacken. Am oberen Rand sollte sich eine leichte Kruste bilden. Wichtig ist, dass der Schokoladenkern der Törtchen flüssig bleibt!

Nach dem Backen die Soufflés vorsichtig aus dem Förmchen auf Teller stürzen, nach Belieben dekorieren.

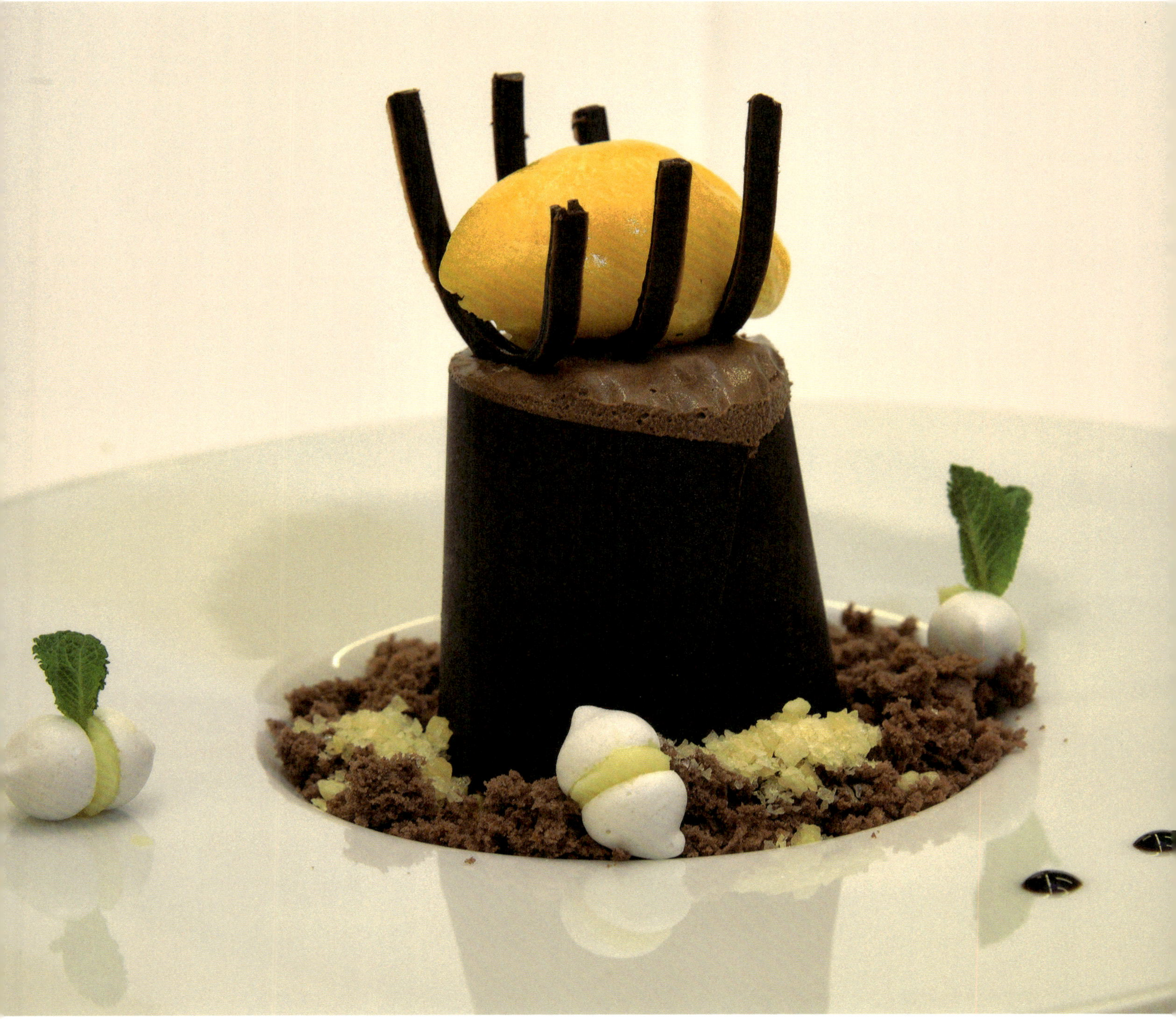

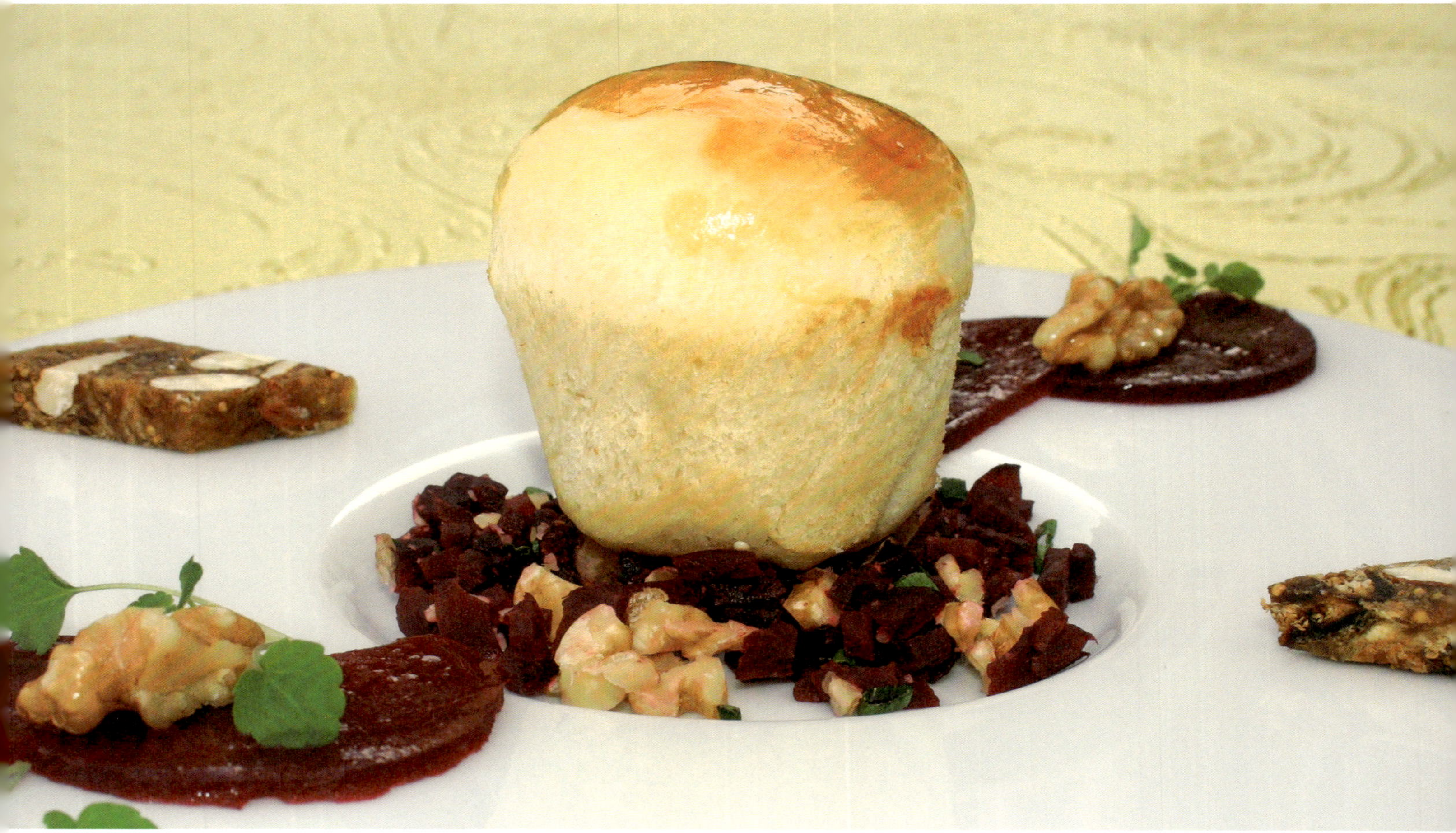

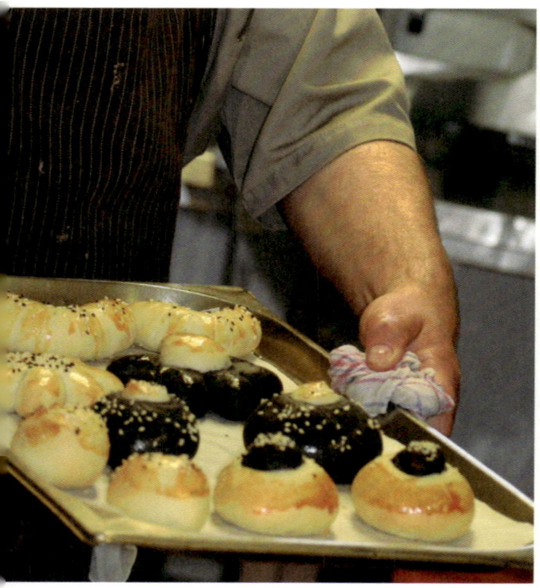

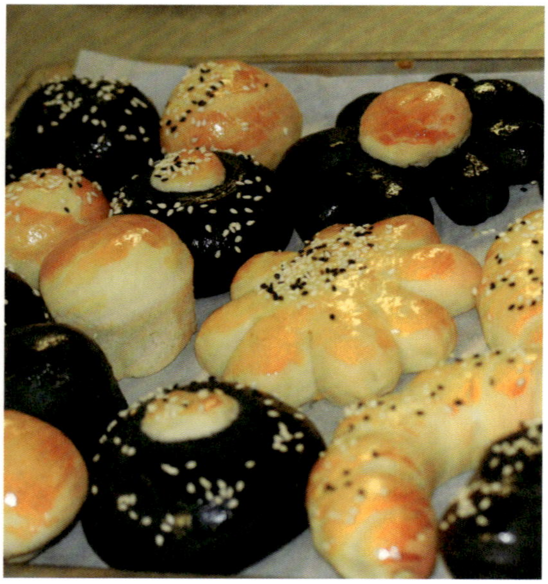

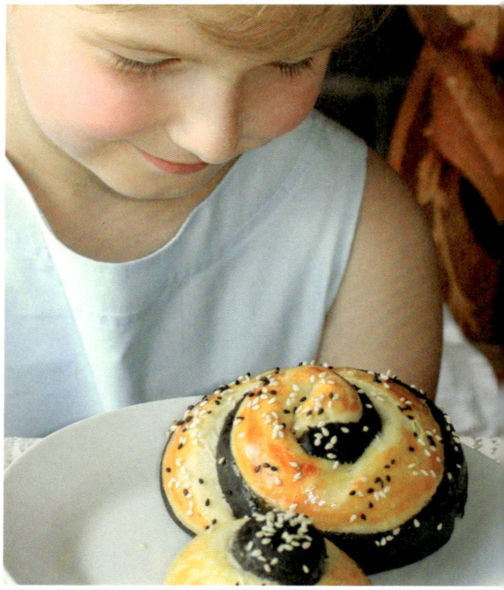

Buchteln & mehr
gefüllt mit Ziegenkäse oder anderen Leckereien

Zubereitung

In etwa 50 ml der warmen Milch den Zucker einrieseln lassen und die Frischhefe hineinbröckeln, das Ganze 5–10 Minuten gehen lassen, Salz nach Belieben dazugeben. Die restlichen Zutaten in einer Schüssel mit einem Rührbesen oder von Hand vermischen, bis ein homogener Teig entsteht.

Buchteln:

Eine feuerfeste Form mit 5 cm hohen Wänden gut buttern. Den Teig auf einer glatten Arbeitsfläche ausrollen, als Außenmaß die Grundfläche der Form nehmen und mit einem kleinen Messer in Quadrate von etwa 5 x 5 cm schneiden. 1 EL Füllung in die Mitte dieser Teigquadrate geben, die Quadratspitzen in die Mitte falten, zusammendrücken und damit die Füllung gut einpacken. Mit der zusammengedrückten Seite nach unten dicht an dicht in die Form legen, mit Eigelb bestreichen. Im vorgeheizten Backofen bei 180° C Umluft ungefähr 12 Minuten backen.

… weiteres Kleingebäck:

Brötchen:

Den Teig zu ungefähr 8 kleinen Brötchen formen, auf ein mit Backpapier ausgelegtes Backblech legen und mit Eigelb bestreichen. Backen wie oben.

Hörnchen:

Ebenfalls 8 Portionen abtrennen, jeweils zu einer länglichen Dreiecksform ausrollen, von der breiten Basis her zur Spitze aufrollen und zum Hörnchen gekrümmt auf ein vorbereitetes Backblech legen. Weiter verfahren wie bei den Brötchen.

Tipp: *Die schwarze Farbe erzielt man durch Sepia- bzw. Tintenfisch-Tropfen.*

Teig

250 g Weizenmehl *Type 550*

50 ml Sonnenblumenöl

150 ml fettarme Milch *1,5 %, lauwarm*

1 TL gestrichen Zucker

10 g Frischhefe *(entspricht einem ¼ Würfel)*

Prise Salz

1 Eigelb

Füllung

Schafskäse oder Ziegenkäse

oder getrocknete Pflaumen oder Marmelade …

DESSERTS & TORTEN

Beitrag zum Hansetuch (Im Auftrag der Stadt Werne)

Wintergarten-Impressionen

Mohn-Torte

Tortenböden

100 g Hasel- und Walnüsse

13 Eier

330 g Zucker

400 g Mohn, *fein gemahlen*

3 EL Semmelbrösel

5 g Rosinen

1 TL Backpulver

Punsch

500 ml Läuterzucker*

50 ml Rum *zum Abschmecken*

Buttercreme „von meiner Bogna"

250 g Butter

150 g Puderzucker

3 Eier

300 g Zartbitter-Schokolade

50 ml Bärenfang *(Honiglikör) zum Abschmecken*

Schokoladen-Überzug

125 g Zartbitter-Kuvertüre

50 g Sonnenblumen-Öl

Vorbereitung

Die Nüsse und Rosinen klein hacken. Backform (28 cm Durchmesser) buttern.

Zubereitung Tortenböden

Die Eier mit dem Zucker schaumig schlagen, die restlichen Zutaten vermengen und nach und nach unter die Eimasse heben. In eine gebutterte Backform füllen und im vorgewärmten Ofen bei 180° C 50 Minuten backen. Die Torte abkühlen lassen und in 3 Schichten aufschneiden. Die Punschzutaten zusammengießen und damit jede Tortenbodenschicht durch Beträufeln tränken. Man benötigt ca. 150 ml pro Lage.

Zubereitung Buttercreme

Schokolade im Wasserbad schmelzen. Butter schaumig rühren, die Eier mit dem Zucker aufschlagen. Die Butter vorsichtig unter die Ei-Zucker-Masse heben und dann die restlichen Zutaten dazugeben und mit dem Bärenfang abschmecken.

Die Die zugeschnittenen und „gepunschten" Tortenböden jeweils mit der Buttercreme bestreichen und wieder aufeinanderstapeln, auch außen mit Buttercrme überziehen.

Zubereitung Schokoladen-Überzug

Kuvertüre im Wasserbad schmelzen und mit dem Öl vermischen, dann die Torte damit überziehen und mit Mohnkörnern bestreuen.

Tipp: Für weiße Buttercreme-Schichten und einen roten Überzug nehmen Sie zerlassene weiße Schokolade und fügen zur Überzugmasse pürierte Himbeeren hinzu.

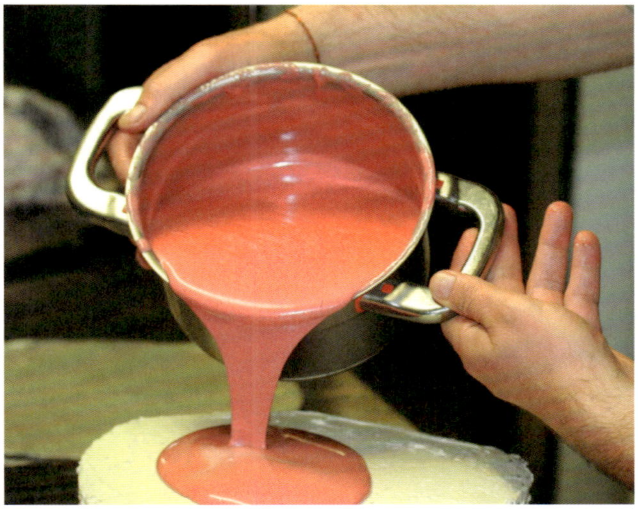
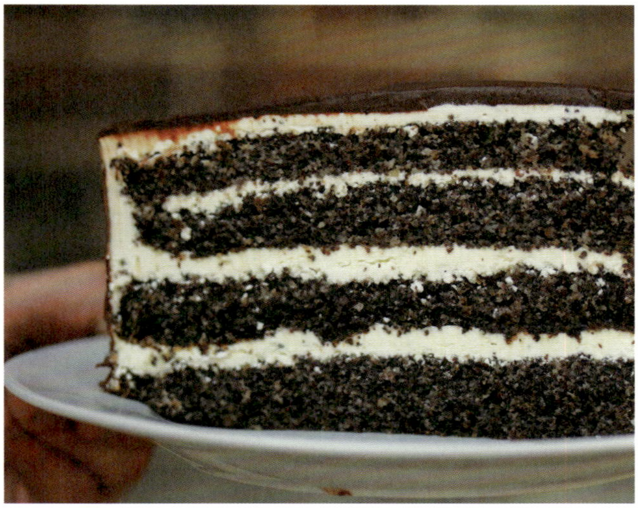
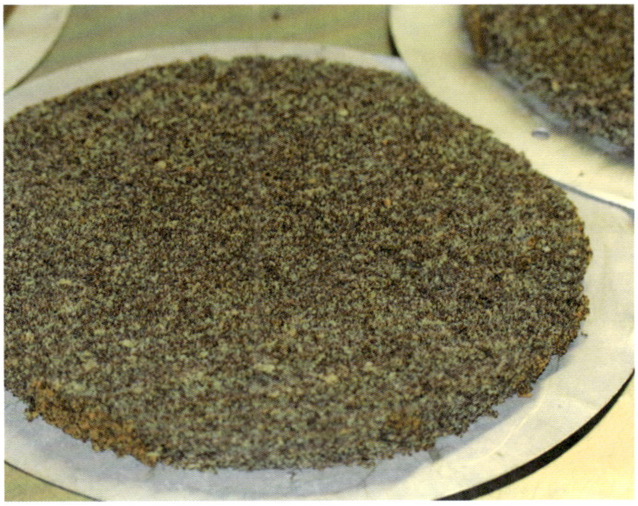
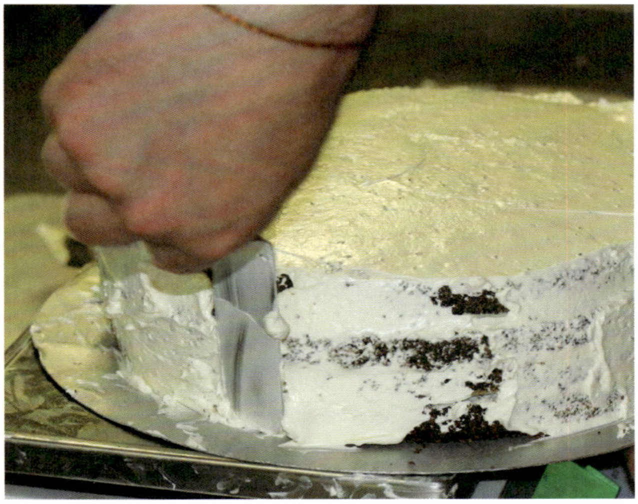
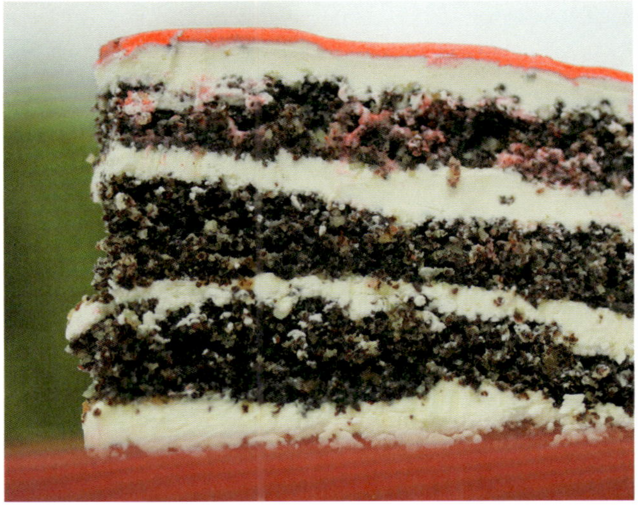
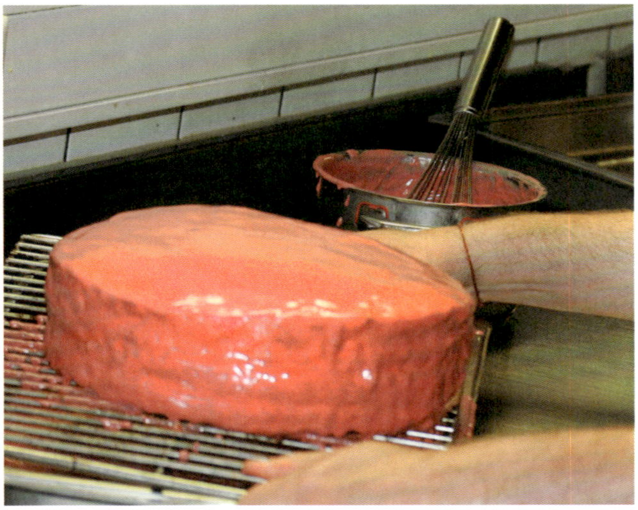

Kokos-Torte

Tortenböden
20 Eiweiß
350 g Zucker
700 g Kokosflocken

Punsch
wie bei der Mohn-Torte

Buttercreme
250 g Butter
4 Eigelbe
100 g Zartbitterschokolade
2 EL lösliches Kaffeepulver
200 g Puderzucker
50 ml Kokoslikör *zum Abschmecken*

Vorbereitung
Kokosflocken fein mahlen, Backform (28 cm Durchmesser) buttern.

Zubereitung Tortenböden
Eiweiß und Zucker steifschlagen, dann vorsichtig die Kokosflocken zufügen.
Den Teig in eine gebutterte Backform (28 cm Durchmesser) füllen und im vorgeheizten Ofen bei 170° C etwa 30 Minuten backen. Nach dem Abkühlen in 3 Schichten aufschneiden. Die Punschzutaten zusammengießen und damit jede Tortenbodenschicht durch Beträufeln tränken.

Zubereitung Buttercreme
Zartbitterschokolade im Wasserbad schmelzen, Butter schaumig aufschlagen, Eigelbe mit dem Puderzucker aufschlagen und dann die Butter langsam zufügen.
Zerlassene Zartbitterschokolade und die Restzutaten mit der Buttermasse vermischen.
Die „gepunschten" Tortenböden jeweils mit der Buttercreme bestreichen und wieder aufeinanderstapeln. Dann die Torte auch von außen bestreichen und mit ungemahlenen Kokosraspeln bestreuen.

Tipp: Auch ein „Außenanstrich" mit Marmelade, beispielsweise Aprikosen-Marmelade, ist sehr lecker.

Tipp: Diese Torte eignet sich hervorragend bei Unverträglichkeit von Gluten.

Erdbeer-Biskuit-Kuchen

Zubereitung Teig

Eier trennen und Eiweiß aufschlagen*. Zucker und Mehl, am Ende auch Backpulver, vorsichtig in kleinen Portionen unter den Eischnee heben. In die Form füllen und im vorgewärmten Heißluftofen bei 180° C 30 Minuten backen. Nach dem Abkühlen auf halber Höhe durchschneiden.

Vorbereitung

Sahne steif schlagen, Gelatine in kaltem Wasser einweichen, danach in einem Topf bei niedriger Hitze zerlassen, bis sie flüssig ist. Erdbeeren waschen und in dicke Scheiben schneiden.

Zubereitung Creme

Außer der Gelatine alle Zutaten vermischen, schließlich auch die vorbereitete Gelatine unter die Masse heben.

Zubereitung Belag und Tortenguss

Puderzucker mit dem Saft vermischen, dann in die zerlassene Gelatine geben und zu einer Gussmasse verrühren. Die Untere Bodenhälfte des Biskuit-Kuchens mit der Creme bestreichen, dann mit der oberen Hälfte des Biskuit-Kuchens abdecken. Die geschnittenen Erdbeeren darauf legen und mit dem Guss begießen. Für ungefähr 30 Minuten in den Kühlschrank stellen.

Tipp: Nicht Gelatine in die Masse, sondern die Masse in die Gelatine nach und nach geben. Auf die ungefähr gleiche Temperatur achten, sonst klumpt die Gelatine.

Biskuit-Kuchen

12 Eier

220 g Zucker

360 g Mehl

4 g Backpulver

Creme

400 ml Sahne, *steif geschlagen*

6 Blatt Gelatine, *in kaltem Wasser eingeweicht*

400 g Quark

120 g Puderzucker

Schuss Erdbeer-Likör

Belag und Tortenguss

1 kg Erdbeeren

500 ml Rhabarbersaft

250 g Puderzucker

8 Blatt Gelatine

Oben:
Hommage an Van Gogh, 2019

Rechte Seite:
Im Atelier

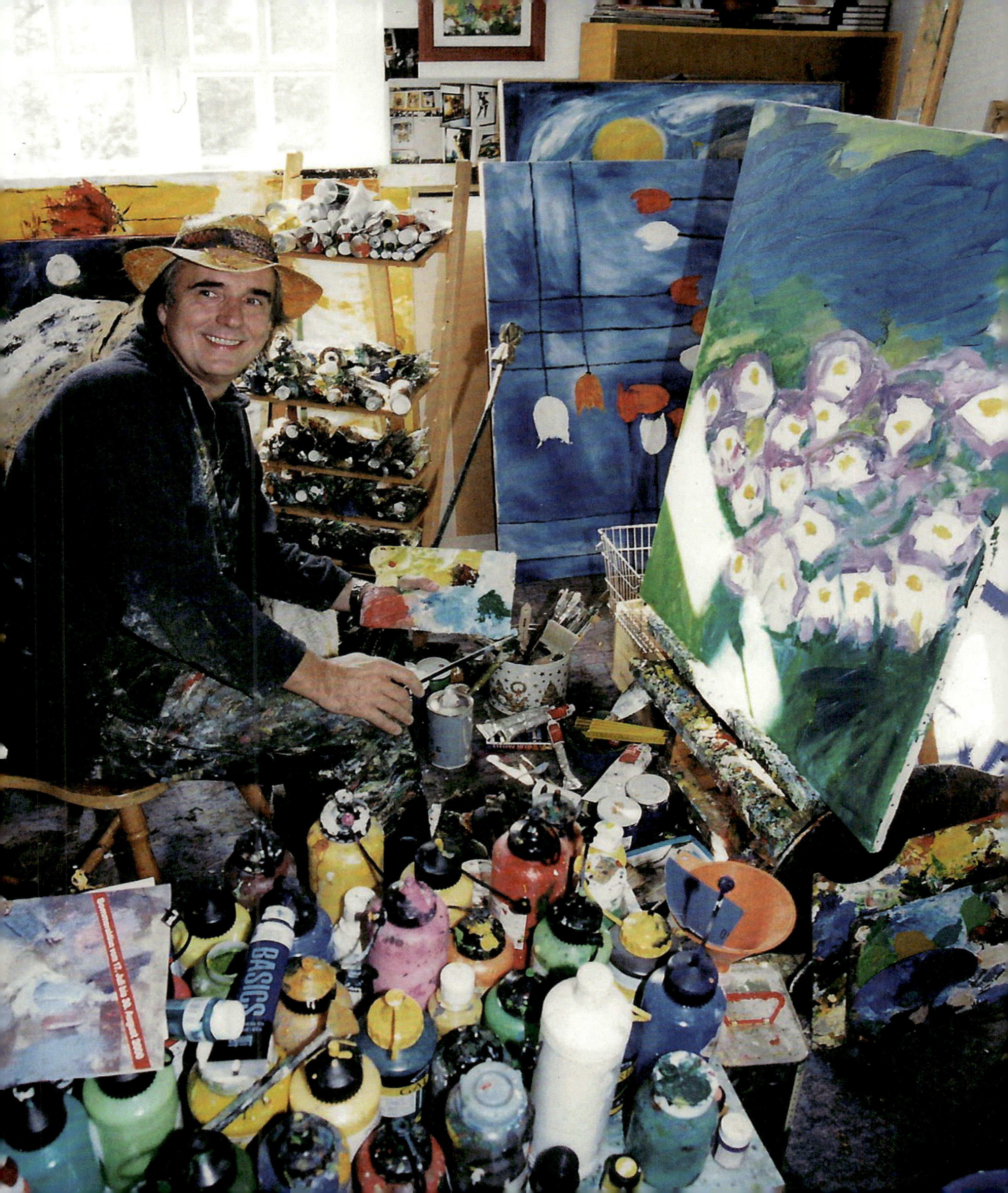
BASICS

KLEINES GLOSSAR

Alkohol	Das Ablöschen mit Alkohol bewirkt eine Aroma-Bindung; darum wird Alkohol bei Parfums eingesetzt. Vorsicht bei Produkten von grüner Farbe, denn Chlorophyll wird unter Alkohol schnell braun.
Dessertring	auch Servier-, Anricht-, Kochring o.ä. genannt. Dessertringe sind mittlerweile auch anders als in Ringform erhältlich und meistens aus Edelstahl. Sie sind eine praktische Hilfe, um Komponenten eines Gerichts dekorativ auf dem Teller anzurichten.
gekochte Rote Bete	Rote Bete kann man vorgekocht kaufen oder frische Rote Bete 20-30 Minuten in Salzwasser kochen.
Glukose	ist ein Zuckersirup, der aus Traubenzucker und Fruchtzucker hergestellt wird. Sie ist bei Anbietern im Internet erhältlich, manchmal auch bei einem ortsansässigen Konditor oder Bäcker. Man kann die Glukose auch durch Läuterzucker (s.u.) ersetzen.
Granité	oder auch Granita, ist wie das Sorbet, ein halb-gefrorenes Dessert. Während das Sorbet eine cremige Struktur hat, ist diese beim Granité kristalliner, eisiger.
Läuterzucker	Herstellung: Zucker und Wasser zu gleichen Teilen anrühren bis sich der Zucker aufgelöst hat; dann die Lösung aufkochen und etwas köcheln lassen.
Mandoline	oder auch „Mandoline Slicer" ist ein Gemüsehobel, der mit diversen Einsätzen alle Schnittformate bewältigen kann
Marinieren	Rohes Fleisch, Fisch oder andere Produkte werden in eine gewürzte Flüssigkeit, die Marinade, gelegt. Je nach Dauer zieht so die Würze der Marinade mehr oder weniger intensiv in das Lebensmittel. Manchmal empfiehlt sich eine kurze Dauer, beispielsweise, wenn das eingelegte Fleisch sehr klein geschnitten wurde (siehe Tatar) nur 5 Minuten.
Natron	bewahrt bei grünem Gemüse eine frische Farbe.
Sahne-Siphon	ermöglicht besondere Zubereitungen von Schlagsahne, Cremes oder Schäumen. Eine mit Lachgas gefüllte Gaspatrone baut den benötigten Druck auf, der in der Flasche Flüssigkeiten aufschäumt und durch die Dosiertülle treibt. Schlagsahne kann im Sahnespender im Kühlschrank mehrere Tage frisch gehalten werden.
weiß aufschlagen	Eier so lange mit dem Mixer schlagen, bis eine weiße Masse entsteht.

Oben:
Power Blumen, 2010

Oben:
Rambo und Kuh (das Bild wurde gestohlen)

Rechte Seite:
Himmlischer Garten

DANKE

... an alle, die mich im letzten Jahr ertragen mussten. Besonders an Angela und Nina, die aus dem totalen Chaos ein Buch gemacht haben.

... an unsere Freunde, die als Vorweg-Leser zur Stelle waren.

... an unsere langjährigen Gäste, die sich bereitwillig als Versuchskaninchen für meine Kochexperimente zur Verfügung gestellt haben.

... an unser Team im Schloss Restaurant Nordkirchen.

v.l.: M. Klapper, N. Parzych, F. L. L. und K. Piskač

IMPRESSUM

ISBN 978-3-00-063180-1
Offenbarungen aus Küche und Atelier

Selbstverlag-Kunstgalerie
Verantwortlicher: Franz L. Lauter
Vinzenzstr. 33
59368 Werne

Autor: Franz L. Lauter, Vorwort: Hanna Lauter
Entwurf der Titelseite und des Umschlags: Franz L. Lauter
Fotos: Franz L. Lauter, Günther Goldstein, Kamilla Anna Lauter und Jens Ackermann

Layout und Satz: Nina Benjamins, Münster

Druck: Druckerei LUC GmbH, Ludgeristr. 13, 59379 Selm

Alle Namen von Personen, die der Öffentlichkeit nicht bekannt sind, wurden verfremdet, um die Persönlichkeitsrechte der Beteiligten nicht zu schädigen.